AF558996

Julia Franke / Burkhard Pohl

CINELE: La lengua de las mariposas

Eine Handreichung

Schmetterling Verlag

Bibliografische Informationen der Deutschen Nationalbibliothek:
Die Deutsche Nationalbibliothek verzeichnet diese Publikation in der Deutschen Nationalbibliografie; detaillierte Daten sind im Internet über http://dnb.d-nb.de abrufbar.

Geeignet für den Einsatz an allgemeinbildenden Schulen.

Schmetterling Verlag GmbH
Lindenspürstr. 38 b
70176 Stuttgart
www.schmetterling-verlag.de

ISBN 3-89657-928-2
1. Auflage 2018
Printed in Poland
Alle Rechte vorbehalten
Satz und Reproduktionen: Schmetterling Verlag
Druck: Sowa, Warszawa

Inhalt

Einleitung und Hinweise

Filmdaten

Título: La lengua de las mariposas. **Pais:** España. **Año:**1999. **Duración:** 97 min. **Director:** José Luis Cuerda. **Guión:** Rafael Azcona, José Luis Cuerda, Manuel Rivas. **Música:** Alejandro Amenábar. **Fotografía:** Javier Salmones. **Montaje:** Nacho Ruiz Capillas. **Dirección artística:** Josep Rosell. **Vestuario:** Sonia Grande. **Director de producción:** Emiliano Otegui. **Estreno:** 17 de septiembre de 1999. **Producción:** Sogetel, Las producciones del Escorpión, Grupo Voz. **Producción ejecutiva:** José Luis Cuerda, Fernando Bovaira. **Protagonistas:** *Don Gregorio*: Fernando Fernán Gómez, *Moncho*: Manuel Lozano, *Rosa*: Uxia Blanco, *Ramón*: Gonzalo Martín Uriarte, *Andrés*: Alexis de los Santos, *Don Avelino*: Jesús Castejón, *Cura*: Celso Bugallo, *Roque*: Tamar Novas, *O'Lis*: Guillermo Toledo, *Carmiña*: Elena Fernández, *Boal*: Roberto Vidal.

Zusammenfassung

Galicien, Winter 1935/36, im letzten Jahr der Zweiten Spanischen Republik: Der achtjährige Moncho, Kind des republikanisch gesinnten Schneiders Ramón und seiner traditionell katholisch orientierten Frau Rosa, erlebt nach überstandener Asthma-Krankheit seinen verspäteten ersten Schultag. Aus Angst vor dem Lehrer uriniert er im Unterricht in die Hose und flüchtet in den Wald, wo ihn seine Familie schließlich findet.
In den Folgewochen aber erkennt Moncho in seinem Lehrer Don Gregorio, einem engagierten Vertreter der republikanischen Bildungsideale, einen väterlichen Freund, dessen unkonventionelle Lehrmethoden und an der kindlichen Neugier ausgerichtete Lerngegenstände ihn faszinieren. Unter Anleitung Don Gregorios wird Moncho durch unmittelbare Erfahrung mit Naturphänomenen vertraut und lernt Schmetterlinge und Insekten jagen. Zugunsten der Ausflüge in die Natur vernachlässigt Moncho seine Besuche in der Kirche, sehr zum Leidwesen des Dorfpfarrers.
Monchos bester Freund ist der Wirtssohn Roque, mit dem er dem Trinker O'Lis zu dessen Liebesabenteuern mit dem Bauernmädchen Carmiña nachspioniert. Auch zu Roques Schwester Aurora fühlt sich Moncho hingezogen und tanzt mit ihr beim Karneval. Als er einmal Aurora beim Baden mit ihren Freundinnen überrascht, lockt sie ihn ins Wasser und küsst ihn.
Monchos Bruder Andrés spielt Saxophon im «Orquesta Azul» und erlebt während eines Konzertes das Erwachen vergeblicher Liebe zur namenlosen «chinita», der stummen Kind-Ehefrau des sinistren Bauern und *alcalde* Boal. Auf wundersame Weise gelingt dem ansonsten dilettierenden Andrés beim Anblick des Mädchens ein Saxophon-Solo.
Im Laufe des Schuljahrs verschärfen sich auch im Dorf die politischen Auseinandersetzungen infolge des Wahlsiegs der Volksfront und nehmen Einfluss auf das Leben der Protagonisten. Der Großgrundbesitzer Don Avelino, die Guardia Civil und die Kirche werden zu Gegenspielern der republikanischen Autoritäten. Beim Jahrestag der

Republik (14. April) und bei der Verabschiedungsrede Don Gregorios zu Ferienbeginn treffen die Gegensätze schließlich verbal aufeinander. Kurz vor Ausbruch des Militäraufstandes endet auch die Beziehung von Carmiña und O'Lis, der brutal ihren Hund tötet.
Nach dem Putsch der Generäle werden im Dorf umgehend führende Republikaner verhaftet, unter ihnen der Bürgermeister, Roques Vater und Don Gregorio. Rosa bedrängt ihren Mann Ramón erfolgreich, sich des Widerstandes gegen den Putsch zu enthalten, und verleugnet ihn vor der Miliz. Vor den Augen des gesamten Dorfes werden die Verhafteten deportiert. Auf Anweisung Rosas, die um ihre Familie fürchtet, beteiligen sich Ramón, Andrés und schließlich auch Moncho an den Beschimpfungen der Gefangenen. Dem abfahrenden Gefangenentransport läuft Moncho Steine werfend hinterher. Im Angesicht seines ehemaligen Lehrers Don Gregorio ruft er diesem zum Schluss die im Unterricht erlernten Begriffe hinterher, gewissermaßen die *lengua de las mariposas*: «¡Ateo! ¡Rojo! ¡Tilonorrinco! ¡Espiritrompa!»

Bedeutung und Rezeption

Der Film *La lengua de las mariposas* hat seit seiner Erstaufführung 1999 auch international viel Beachtung gefunden und avancierte zu einem Klassiker des neueren spanischen Kinos. Er steht in der Tradition der Literaturverfilmungen im postfranquistischen Kino, die vor allem den Autorenfilm der 1980er-Jahre geprägt hatte und sich seitdem gerade in Bürgerkriegsfilmen fortsetzte[1]. Als Vorlage dienten die Kurzgeschichten «La lengua de las mariposas», «Carmiña» und «Un saxo en la niebla» aus Manuel Rivas' Erzählband *¿Qué me quieres, amor?* (1995).
Als «cine de la guerra» und «cine con niño» schreibt sich der Film zudem in gleich zwei spezifisch spanische, mitunter korrespondierende Motivtraditionen ein. Der Bürgerkrieg und, in geringerem Maße, der Franquismus und die II. Republik, bilden ein bis heute bevorzugtes Thema des Kinos der Demokratie. Zahlreiche Filme kreierten einen Stil historischer Darstellung, der nicht selten vor dem Hintergrund der dunklen, überwunden scheinenden Vergangenheit die Gegenwart nach 1975 umso heller erscheinen ließ (vgl. Sánchez-Biosca 2006: 67; Rothauge 2014: 317) – so wie auch in *La lengua de las mariposas* etwa das schwarz-weiße Schlussbild das Geschehen in einer fernen Vergangenheit situiert. Zweitens stellen viele Filme das historische Geschehen aus der Sicht eines Kindes dar. Darin äußert sich eine ambivalente Erzählstrategie, die dem Kind eine dissidente Funktion zuweisen kann (so Ryan 2012), aber konkrete historische Schuldzuschreibungen vermeidet. Die Identifikation mit der Perspektive des unschuldigen Kindes entlastet vielmehr implizit die Nachgeborenen, spricht sie aber nicht vom Auftrag frei, Gedächtnisarbeit zu leisten[2].
Den Entstehungskontext der Erzählung und des Films *La lengua de las mariposas* bildet das neu aufkeimende Interesse an der historischen Aufarbeitung (vgl. Stucki

1 Dabei bedingten sich literarischer und filmischer Erfolg wechselseitig, z.B. in *Pa negre, Las trece rosas, ¡Ay, Carmela!, El lápiz del carpintero, Soldados de Salamina, Los girasoles ciegos*. Weitere Filme zum Spanischen Bürgerkrieg sind u.a. *Libertarias, Land and Freedom/Tierra y Libertad*.

2 Z.B. in *Pa negre, Las bicicletas son para el verano, El viaje de Carol, El laberinto de Pan, El espinazo del diablo*, ... Die Tradition reicht weit zurück in die Anfänge des Nachkriegskinos; ein direkter thematischer Vorläufer ist *El espíritu de la colmena* (Víctor Erice, 1973).

/ López de Abiada 2004; Nichols 2006: 158). Zur Jahrtausendwende begann mit den Aushebungen von Massengräbern eine Phase der spanischen Erinnerungsarbeit, die in die *Ley de Memoria* von 2008 mündete und deren kontroverse Diskussion bis heute anhält (vgl. Brinkmann 2007; Lüning 2009: 5-7). Kino und Literatur beteiligten sich an der Debatte und stellten dabei, mitunter kontrovers, neue Fragen nach historischer Wahrheit und Verantwortung. Auch Regisseur José Luis Cuerda widmete sich 2008 in seiner Adaption von *Los girasoles ciegos* erneut dem Krieg und den Folgen für die Besiegten.[3] Der Film *La lengua de las mariposas* und seine drei Erzählvorlagen zeigen diese Spurensuche und bewahren die vergessene Erinnerung an den Alltag der «vencidos»: «Rivas quiere crear la memoria y los lugares de memoria de la Galicia liberal, que en realidad aún no estaba escrita [...]» (Pardellas Velay 2015). Dabei ist die Republik in ihren politischen Positionen durch das libertäre Bildungsideal Don Gregorios repräsentiert, Ramón beruft sich auf den Liberalen Manuel Azaña; revolutionäre Positionen bleiben eine Randnotiz.[4]

La lengua de las mariposas war bei Kritik und Publikum gleichermaßen erfolgreich. Der Film rangierte in Spanien unter den fünf meistgesehenen einheimischen Produktionen des Jahres 1999 und lockte rund 1,2 Mio. Zuschauer in die Kinos (Monterde 2002: 115). Beim Goya-Preis erhielt er bei ursprünglich 13 Nominierungen die Auszeichnung für das beste adaptierte Drehbuch. International wurde *La lengua de las mariposas* vor allem in den USA und in Frankreich rezipiert.

Zwei Schauspieler prägen diesen Film maßgeblich: Der Blick Manuel Lozanos (Moncho), der immer wieder in Nahaufnahme inszeniert wird, lenkt die Wahrnehmung des Zuschauers. Die Rolle des Lehrers übernahm Starinterpret Fernando Fernán Gómez, der in der Transición zum omnipräsenten Gesicht des spanischen Autorenkinos avanciert und im Bürgerkriegsfilm als Repräsentant der progressiven Intelligenz inszeniert worden war (Pohl 2008: 423).

Das preisgekrönte Skript wurde von Rafael Azcona, einem der versiertesten Drehbuchautoren des spanischen Kinos, unter Mitarbeit von Regisseur José Luis Cuerda und Autor Manuel Rivas verfasst. Seine Adaption nutzt gekonnt die Mittel des Films, um bestimmte Elemente und Figuren der literarischen Vorlage neu zu interpretieren. An dieser Stelle seien nur einige markante Unterschiede genannt:

Die rückblickende homodiegetische Erzählweise der Erzählung wird im Film zugunsten einer linearen Narration aufgegeben, die gleichwohl vorwiegend aus Sicht der Reflektorfigur Moncho erfolgt. Dabei entfallen auktoriale Informationen zu Vorfällen der ersten Kriegstage oder zur Figur des Vaters, der im Film insgesamt weniger Gewicht erhält.

Durch die Einbindung zweier weiterer Kurzgeschichten gewinnt die filmische Narration an Komplexität. Die Ergänzung sinntragender Figuren (Monchos Bruder Andrés, der Großgrundbesitzer Don Avelino) sowie proleptischer Hinweise (die Gespräche vor der Kirche) verleiht dem politischen Kontext mehr Gewicht und wertet den Film ästhetisch auf - etwa im Zwiegespräch zwischen Rosa und Moncho, das in der Pointe gipfelt: «Dios no mata».

---

3 In der Literaturverfilmung *El bosque animado* (1987) nach dem gleichnamigen Roman von Wenceslao Fernández Flores, hatte Cuerda bereits einmal die Region Galicien inszeniert.

4 Z.B. in der Einblendung des anarchistischen Grundlagentextes *La Conquête du Pain* (Pjotr Kropotkin, 1892).

In der Figurenzeichnung kehren sich die familiären Machtverhältnisse um: Der Film inszeniert Rosa als starke und durchaus sympathische Figur, während ihr Ehemann Ramón sich in den Verrat an den eigenen Idealen und Kameraden fügt. Bei Rivas dominiert hingegen der Vater, insbesondere in der Klimax, als Ramón selbst seine Familie zur Beschimpfung der Gefangenen anstiftet. Zugleich erhöhen Azcona/Cuerda die Dramatik der Schlussszene, indem sie eine Begegnung zwischen Moncho und Don Gregorio inszenieren, die in der literarischen Vorlage nicht stattfindet.

Didaktisches Potential und Zielbereiche

La lengua de las mariposas adaptiert drei Kurzgeschichten von Manuel Rivas und fügt sie in einem gemeinsamen Setting zusammen. Die titelgebende Erzählung *La lengua de las mariposas* thematisiert das Leben in einem galicischen Dorf in den letzten Monaten der Zweiten Spanischen Republik und den Beginn der franquistischen Repression infolge des Aufstands vom 18. Juli 1936. Im Zentrum steht der achtjährige Moncho, der insbesondere mithilfe seines Lehrers Don Gregorio seine Umwelt entdecken lernt. Anhand der Beziehung zu seinem Lehrer, seinen Eltern und Freunden entsteht ein Bild des ländlichen Galicien mitsamt seinen dramatischen persönlichen und politischen Umwälzungen.
In die Haupterzählung werden die Episoden um ein junges Liebespaar *(Carmiña)* und die Verbindung von Musik und Begehren *(Un saxo en la niebla)* eingeflochten. Figuren und Zeitkontext der literarischen Vorlagen werden dementsprechend an das Setting von 1936 angepasst.
Die technisch versierte, wenn auch konventionelle Produktion macht das Werk für die filmanalytische Arbeit geeignet. Indem *La lengua de las mariposas* über seine Gestaltungsmittel ein weniger historisch-analytisches als «emotionales Design» (Sánchez-Biosca 2006: 82) der Vergangenheit entwirft, legt der Film auch Fragen nach der visuellen Steuerung der Rezeption und Interpretation historischer Ereignisse nahe.
Filmbildung betrifft als umfassendes Konzept kommunikative, textanalytische und interkulturelle Kompetenzbereiche des Spanischunterrichts. Im Einklang mit einer spezifisch filmdidaktischen Perspektive kommen in dieser Handreichung folgende Felder zum Tragen (vgl. Blell/Surkamp 2016: 20):

- Film kontextualisieren: interkulturelle Kompetenzen, intertextuelle Bezüge herstellen
- Filmbezogen sprachlich handeln: rezeptiv-produktive kommunikative Kompetenzen
- Film analysieren: Methodenkompetenz im Umgang mit Texten und Medien[5]

Inhaltlich führt der Film verschiedene Themen aus. Erstens verhandelt er das nationale Trauma des Bürgerkrieges anhand des letzten Jahres der Republik. Die politischen Konflikte dringen erst allmählich, dann aber umso nachdrücklicher in die Handlung und das Bewusstsein des Protagonisten. Der Film positioniert sich klar gegen die Aufständischen und bricht eine Lanze für die gesellschaftsverändernden Ziele der Republik. Die filmischen Erzählstrategien steuern die Sympathie der Zuschauer für Moncho und seine Familie, bis in der Schlussszene die zuvor klaren Identifikationsangebote in Frage gestellt werden.

5 Neben den genannten «Kompetenzfeldern» der fremdsprachlichen Filmbildung führen Blell/Surkamp (2016: 20) die produktive Filmgestaltung an, die hier ausgespart bleibt.

Durch seine Dramaturgie stellt *La lengua de las mariposas* zweitens die ethische Frage nach Schuld, Verrat, Mut, Solidarität und Verantwortung in einer historisch wie persönlich existenzbedrohenden Situation – eine Frage, die in der zeitaktuellen Debatte um die historische Erinnerung wieder auflebt. Am Ende stehen Moncho und vor allem sein Vater vor dem Dilemma der Unterwerfung unter gewalttätige Strukturen oder der lebensgefährlichen Prinzipientreue. Mithilfe der «lengua de las mariposas» führen Regisseur und Autor das Dilemma geschickt zu einem offenen Ende.

Drittens behandelt der Film die Zeit des Heranwachsens in der Welt außerhalb der Familie. Mit großen Augen begegnet Moncho dem dörflichen Mikrokosmos. Die Erfahrungen von Familie, Schule, Freundschaft, Sexualität, Musik, Literatur, Natur und Gewalt werden als sinnliches Erleben vermittelt.

In der Figur Don Gregorio propagiert der Film viertens ein aufgeklärtes, liberales Bildungsideal, das über den eigentlichen filmischen Kontext hinausweist und das die zeitlose Figur des engagierten Pädagogen feiert.

Schließlich ist das ländliche Galicien der 1930er-Jahre ein eigener Protagonist, der vor allem in den Nebenhandlungen als teils magischer, teils archaischer Ort patriarchaler Traditionen inszeniert wird. Als aktive Entscheiderin über die familiäre Zukunft sticht Rosa aus diesem System heraus, mit dessen ideologischen Regeln sie flexibel umzugehen vermag.

Der Film bietet somit Schwerpunktsetzungen in verschiedenen Bereichen an:

- Vermittlung historischen Wissens: Republik und Bürgerkrieg
- Auseinandersetzung mit individuellen und gesellschaftlichen Werten (Freiheit als Prinzip von Erziehung und Gesellschaft; Umgang mit Repression)
- Sensibilisierung für den Umgang mit der Geschichte *(memoria histórica)*
- Auseinandersetzung mit der Situation von Kindern und Jugendlichen in ihren sozialen Beziehungen (Schule, Familie, Peers, Sexualität)
- Filmbildung, Umgang mit kinematographischen, narrativen und dramaturgischen Mitteln: Rezeptionssteuerung durch Bildaufbau, Kameraführung, Beleuchtung, Montage; Symbolsprache; Figurenkonfiguration

Der narrative Gehalt des Films sei an einigen Beispielen veranschaulicht:

Der Protagonist Moncho mit seiner fragilen Gesundheit verkörpert einerseits die gefährdete Republik, andererseits ist er ein Repräsentant des künftigen Spaniens – der *niños de la guerra*, die mit dem Trauma von Bürgerkrieg und Gewalt aufwachsen werden.

Das Bild der «lengua de las mariposas» besitzt ein reiches semantisches Potenzial. Die Schüler Don Gregorios sind wie Schmetterlinge, die frei in die Natur und in die Welt ausschwärmen. Während die lengua (Sprache, Zunge) auf denotativer Ebene zunächst eine kindgerechte Annäherung an den Fachbegriff «espiritrompa» formuliert, klingt neben erotischen Konnotationen auch die im Schlussbild verwandte «Geheimsprache» an.

Symbole wie der brodelnde Kochtopf oder die Legende von Kain und Abel verweisen ebenso wie einzelne Handlungselemente (die brutale Tötung des Hundes Tarzán durch O'Lis, der Tod von Carmiñas Mutter, die bedrohliche Figur Boal) proleptisch auf den kommenden Bürgerkrieg.

Intertextuelle Anspielungen auf biblische und literarische Vorlagen (Machado, Stevenson, Genesis) erweitern das Bedeutungsspektrum des Films. Die leitmotivische

Filmmusik setzt eigene dramatische Akzente. Für Komponist Alejandro Amenábar illustriert etwa das dominante Klarinettenmotiv die Initiation Monchos, «el despertar del niño» (zitiert im ‹Cómo se hizo› der DVD).

Umgang mit dem Filmheft

Die Materialien dieser Handreichung richten sich an fortgeschrittene Lernende und wurden in einer 10. Klasse (4. Lernjahr) verwendet, sind aber für die Oberstufe nutz- und erweiterbar. Die Aufgaben sind in der Regel unter Verwendung von Operatoren formuliert.

Die Handreichung konzentriert sich auf den zentralen Plot entlang der Erzählung *La lengua de las mariposas*. Die zwei weiteren integrierten Erzählungen *Un saxo en la niebla* und *Carmiña* werden nicht ausführlich behandelt, aber in die Sichtung des Gesamtfilms einbezogen und im Rahmen filmanalytischer Aufgaben berücksichtigt.

Gemäß dem Anspruch der Reihe CinELE liegt der Akzent auf der Arbeit mit dem Film selbst und der Vorlage handhabbarer Stundenvorschläge. Als Bezugstext dient auch der *guión*, während wir für den Vergleich zur literarischen Vorlage auf andere Materialienbände verweisen (Lüning 2003, vgl. Willenbrink 2009).

An die Vorstellung einer Basis-Unterrichtssequenz schließen sich ergänzende Materialien für die Bereiche Filmanalyse und Kontextualisierung an. Sie sind vor allem für den Unterricht in der Oberstufe dienlich, der den Umgang mit filmästhetischen Mitteln verpflichtend macht. Aufgrund der oft guten visuellen Vorbildung der SuS kann aber auch im fortgeschrittenen Unterricht der Sek I mit ersten Analyseelementen gearbeitet werden.

Die Materialien sind weitgehend chronologisch angelegt und kombinieren dabei die «Sandwich-Präsentation» (Thaler 2010: 144) ausgewählter Sequenzen mit einer Block-Präsentation vor der Behandlung der Schlussszene (für ein Vorgehen nach vorheriger Sichtung des Gesamtfilms vgl. Willenbrink 2009). Im Vordergrund steht das Sehverstehen der SuS, sodass vor allem Filmbilder und -szenen als Ausgangspunkt vertiefender Betrachtung dienen. Für die Sichtung wird in dieser Handreichung die Arbeit mit Untertiteln empfohlen, wobei weite Strecken des Films auch allein durch die Bildsprache verständlich sind. Zur Entlastung des Hörverstehens ließe sich ferner das Drehbuch heranziehen (online zur Lektüre erhältlich bei *digitalia*).

Aufgrund seiner eindringlichen und zugleich eingängigen Bildersprache und Dramaturgie, verbunden mit der Rezeption der einschlägigen Kurzgeschichten von Manuel Rivas, ist *La lengua de las mariposas* bis heute immer wieder in didaktischen Handreichungen behandelt worden. Insofern betritt diese Ausarbeitung kein Neuland, sondern möchte die vorliegenden Materialien (siehe Bibliographie) um weitere Anregungen ergänzen.

> Aufgepasst: Auf der Website des Schmetterling Verlags finden Sie zusätzliches weiterführendes Arbeitsmaterial zum Film: «CinELE La lengua de las mariposas Material adicional» unter www.schmetterling-verlag.de.

Sequenz- und Szenenplan

Sequenz	Szene	Zeit	Inhalt
0. Títulos de crédito	1.	0:00:00-0:02:26	
1. El primer día de clases 0:02:27-0:09:28	2. Noche	0:02:27-0:04:28	Moncho le habla a Andrés del miedo de la escuela.
	3. Delante de la escuela	0:04:29-0:05:25	Primer contacto con Don Gregorio. *Rosa*: Es como un gorrión.
	4. En el aula	0:05:26-0:06:55	Don Gregorio presenta a Moncho a la clase. Expuesto a las burlas de sus compañeros, Moncho se mea y sale corriendo.
	5. El escape	a. 0:06:56-0:06:59 b. 0:07:00-0:07:43 c. 0:07:44-0:08:23	Moncho cruza el patio escolar, pasa por el mercado - donde le asusta el aspecto de una liebre captada - y por el río.
	6. En busca de Moncho	0:08:24-0:09:28	De noche, en el bosque. Están buscando a Moncho, quien finalmente se refugia en los brazos de Andrés.
2. El segundo día de clases 0:09:29-0:17:02	7. En la sastrería	0:09:29-0:10:51	Don Gregorio viene a preguntar por Moncho y pide disculpas al chico. Lo invita a volver a clase.
	8. En la escuela	a. 0:10:52- 0:12:13 b. 0:12:14-0:13:47 c. 0:13:48-0:14:50	Lectura del poema de Machado. El soborno de Don Avelino. El chiste de los gallos, Moncho muestra su astucia.
	9. En la cocina	0:14:51-0:17:02	Moncho le cuenta a Rosa de Don Gregorio y sus nuevos conocimientos. Ésta le habla de ser un buen cristiano. *Moncho*: ¡Don Gregorio no pega! *Rosa*: Dios no mata.
3. El tercer día 0:17:03-0:26:43	10. Delante de la iglesia	a. 0:17:03-0:17:25 b. 0:17:26-0:17:36 c. 0:17:37-0:19:10	Conversación acerca de la situación política en Madrid. Rosa defiende a los republicanos. D. Avelino aboga por usar la violencia contra la República. El cura y Don Gregorio. El cura se queja del desinterés religioso de Moncho a causa de la escuela. *El cura*: Saltan las aves del calor de los nidos. *Don Gregorio*: La libertad estimula el espíritu de los hombres fuertes.

Sequenz	Szene	Zeit	Inhalt
	11. En la taberna	0:19:11-0:21:39	O'Lis cuenta a Roque su amorío con Carmiña. Lo observan Roque hijo, Moncho y Aurora.
	12. En el bosque - casa de Carmiña	0:21:40-0:25:20	Roque y Moncho observan el acto sexual entre O´Lis y Carmiña. El perro Tarzán interrumpe el acto.
	13. En el dormitorio de los hijos	0:25:21-0:26:43	Charla de Andrés y Moncho sobre las razas y la belleza de las chinas. Según Don Gregorio, todos los hombres son iguales.
4. El cuarto día 0:26:44-0:30:56	14. En la escuela	0:26:44-0:28:00	Jaleo en clase. D. Gregorio deja de hablar hasta que todos se calman.
	15. En la calle	0:28:01-0:29:10	Moncho le cuenta a Andrés sus vivencias escolares mientras lo acompaña a la clase de música.
	16. En la clase de música	0:29:11-0:30:56	La clase de música de Andrés. El profesor le instruye de tocar el saxo como si fuera una amada.
5. El quinto día 0:30:57-0:36:25	17. En la escuela	a. 0:30:57-0:32:14 b. 0:32:15-0:33:04 c. 0:33:05-0:34:10	La pelea entre José María y Moncho. La reconciliación en clase. La lengua de las mariposas.
	18. En la calle	0:34:11-0:35:12	Los hermanos encuentran a un hombre que invita a Andrés de tocar en la Orquesta Azul.
	19. En la cocina	0:35:13-0:36:25	Cena familiar. En cuanto a la Orquesta, Rosa se opone a que participe Andrés, Ramón está a favor.
6. El domingo de carnaval 0:36:26-0:40:27	20. En la plaza	0:36:26-0:40:27	Fiesta de carnaval en la plaza, Andrés está tocando con la Orquesta Azul. Bailan los padres, baila también Moncho con Aurora. De repente, cae un aguacero.
7. La excursión 0:40:28-0-:45:02	21. La clase en la naturaleza	0:40:28-0:42:35	Excursión al bosque, Don Gregorio explica la vida de las mariposas. Moncho sufre un ataque de asma, por lo que Don Gregorio lo sumerge en el agua del río.
	22. En casa de Moncho	0:42:36-0:44:17	Moncho está salvado. Rosa menciona la salvación milagrosa del chico en su primera comunión. Don Gregorio y Ramón se confiesan sus convicciones republicanas. A modo de agradecidimiento, Ramón le quiere regalar un traje al maestro.

Sequenz	Szene	Zeit	Inhalt
	23. De noche: dormitorios de los padres y de los hijos	0:44:17-0:45:02	Los padres hablan del maestro y del papel de los maestros en España. Se hacen patentes sus diferentes posiciones políticas. Luego, ruidos inconfundibles.
8. Un día con Don Gregorio 0:45:03-0:51:33	24. En la calle	0:45:03-0:45:16	Moncho, el traje en mano, pasa por la plaza.
	25. En casa de Don Gregorio	0:45:17-0:46:52	Don Gregorio estrena el traje nuevo. Le cuenta a Moncho que su esposa murió hace 22 años. *Don Gregorio:* Desierta cama y turbio espejo y corazón vacío. Don Gregorio le da a Moncho la novela »La isla del tesoro» y le regala una red para cazar.
	26. Caza de mariposas	0:46:53-0:49:02	Roque y Moncho están cazando mariposas. Don Gregorio les explica la mariposa. Mientras que el maestro descansa, los chicos persiguen a una cigarra, Roque le orina encima al insecto.
	27. La cena en casa de Moncho	0:49:03-0:50:27	Viene Carmiña para informarle a Ramón de la muerte de su madre y para pedirle dinero para el entierro. Rosa manda a los hijos a la cama.
	28. En el dormitorio de los hijos	0:50:28-0:51:31	Andrés le explica a Moncho que Carmiña es hija ilegítima de Ramón. Moncho le cuenta de los líos amorosos de Carmiña. Andrés la califica de puta.
9. Entre cielo e infierno 0:51:32-0:54:12	29. El entierro	0:51:32-0:52:16	Al entierro asisten solo cuatro personas. Moncho observa la ceremonia.
	30. Moncho visita a Don Gregorio	0:52:17-0:54:11	Moncho encuentra a Don Gregorio en su huerta. Le pregunta sobre la vida eterna y el infierno, el cual según Don Gregorio no existe salvo en el comportamiento de los hombres. Moncho muerde una manzana.

Sequenz	Szene	Zeit	Inhalt
10. El 14 de abril de 1936 0:54:12-0:55:57	31. La fiesta-homenaje a la República observada	0:54:12-0:55:57	Verbena republicana en honor a la República. Ambiente bucólico y festivo. Asisten también Don Gregorio, Ramón y Rosa. La Orquesta Azul toca el Himno de Riego, mientras dos Guardias Civiles están mirando el escenario.
11. La Orquesta Azul 0:55:58-0:57:54	32. El ensayo de La Orquesta Azul	0:55:58-0:57:54	Gran noticia: La Orquesta Azul, incluidos Moncho y Andrés, está invitada a la Fiesta de Santa Marta de Lombás. El acordeonista canta »Aurora, rosa del amanecer«.
12. La llegada al pueblo - La fiesta de Santa Marta de Lombás 0:57:55-1:08:24	33. La entrada al pueblo	0:57:55-0:59:10	Entrada de la Orquesta Azul al pueblo, con Moncho en frente alzando la bandera.
	34. El alojamiento de Moncho y Andrés	0:59:11-1:01:12	En la casa de Boal, el alcalde. La muchacha con rasgos chinos les muestra a los chicos su habitación. Andrés, alucinado, cree ver a la chica de la enciclopedia.
	35. La cena en casa del alcalde	1:01:13-1:03:52	La cena. Boal les cuenta a los chicos que un día la chica - su esposa - por poco fue matada por unos lobos: prueba de ello son las heridas en su espalda. Desde aquel día ha dejado de hablar.
	36. La fiesta	1:03:53-1:06:53	En la fiesta. Al percibir la chica entre el público, Andrés empieza a tocar un solo de saxo. Boal la saca de la fiesta.
	37. La despedida	1:06:54-1:08:24	En el carro, Andrés le confiesa a Moncho su tristeza y su sueño de huir con la chica. Ella los saluda una última vez. Moncho consuela a Andrés mediante una frase de Don Gregorio.

Sequenz	Szene	Zeit	Inhalt
13. La hora del retiro 1:08:25-1:11:44	38. La despedida de la escuela; el discurso de Don Gregorio - un aviso	1:08:25-1:10:59	En su discurso de despedida, Don Gregorio exalta la libertad como ideal pedagógico. Don Avelino sale, enfurecido. *Don Gregorio*: Si conseguimos que una generación, una sola generación crezca libre en España, ya nadie les podrá arrancar nunca la libertad, nadie les podrá robar ese tesoro.
	39. La amistad continua	1:11:00-1:11:44	En el patio. Moncho está triste, pero Don Gregorio le asegura que seguirán cazando bichos.
14. Otro día con Don Gregorio 1:11:45-1:14:34	40. El baño	1:11:45-1:14:34	Moncho y Don Gregorio están cazando bichos. Atraído por el griterio, Moncho se acerca al río donde algunas chicas, entre ellas Aurora, están bañándose. Provocado por las chicas, y estimulado por Don Gregorio, Moncho se adentra al agua y le regala una flor a Aurora. Ella lo besa. Por su parte, Don Gregorio deja volar a una mariposa.
15. Crece la tensión 1:14:35-1:18:30	41. ¿Malas noticias?	a. 1:14:35-1:15:36 b. 1:15.37-1:16:40	En el bar de Roque. Los republicanos escuchan indignados las noticias del debate parlamentario, en el que Gil Robles anuncia los funerales de la democracia. Mientras tanto, aparece O'Lis, exigiendo alcohol y una barra. Al salir, le siguen Roque y Moncho.
	42. Don Gregorio está triste	1:16:41-1:17:08	Don Gregorio vomita fuera del bar. Moncho y Roque lo miran, pero siguen a O'Lis.
	43. O'Lis mata al perro	1:17:09-1:18:30	O'Lis, observado por Moncho y Roque, mata al perro Tarzán, lo que deja desconsolada a Carmiña.

Sequenz	Szene	Zeit	Inhalt
16. El inicio de la Guerra Civil - se levantan los militares 1:18:31-1:22:58	44. Andrés recoge a Moncho	1:18:31-1:19:16	Andrés recoge a Moncho de la escuela, porque ha estallado la guerra en África. Pasa una moto con la bandera bicolor.
	45. En casa de Moncho	1:19:17-1:20:23	Rosa quema documentos republicanos, Ramón la deja hacer. Ella les inculca a los niños que su padre nunca era republicano y que no le regaló un traje al maestro.
	46. ¿Solidaridad?	1:20:24-1:21:51	Rosa oculta la presencia de Ramón a la milicia republicana. Desesperación de los dos. Moncho se refugia en la lectura de »La isla de tesoro» y termina el libro.
	47. La persecución	1:21:52-1:22:58	De noche. Moncho observa aterrado las detenciones nocturnas en la calle.
17. El día final - entre amistad y traición 1:22:59-1:28:58	48. Salir a la calle	1:22:59-1:23:42	Vestida de negro, la familia sale a la calle y se dirige hacia el ayuntamiento.
	49. En la plaza	1:23:43-1:28:58	El pueblo entero está reunido en silencio. Entre los gritos de «Viva España», Don Avelino y los falangistas controlan el ambiente. Un camión espera a los prisioneros, el cura pide perdón a Dios. Entre los insultos de la gente, salen del ayuntamiento los detenidos para ser conducidos al camión, entre ellos el acordeonista y el padre de Roque, y por último, Don Gregorio. A instancias de Rosa, gritan también Ramón y Andrés, y hasta Moncho termina insultando a su maestro, si bien con las palabras aprendidas en clase. *Moncho*: ¡Tilonorrinco, espiritrompa!

Tabellarischer Unterrichtsverlauf

Std.	Szene	Thema	Material	Unterrichtsverlauf / Hinweise für die Lehrkraft
1	Tráiler	Crear expectativas: El tráiler de la película	KV 1	Einstieg: Trailer zunächst ohne Bilder zeigen (A. Nr. 1-3), anschließend Ergebnisse an der Tafel festhalten. Ein weiteres Mal sichten, diesmal mit Bildern und Tafelbild ergänzen.
2/3	2-6	El primer día de clase - ¿hay que tener miedo? Erschließung der narrativen Zusammenhänge Hypothesenbildung zum weiteren Verlauf	KV 2 KV 3/4 KV 5	Erschließung des situativen Kontextes. Reaktivierung des Vorwissens «Erster Schultag» anhand KV 2 (Folie). Anschließend Szene 2 zeigen und Hör-Sehaufträge verteilen als Folienstreifen, KV 2. Szene 3-4 (nur bis 00:06:39) zeigen und zusammenfassen lassen. Klassenplakat mit den Personen anfertigen und während der UE vervollständigen. Arbeitsteilige Gruppenarbeit mit Erstellung einer Folie zur Präsentation. Anhand der Flagge der Zweiten Republik eine erste zeitliche Einordnung des Filmes vornehmen. Hypothesen zum weiteren Verlauf bilden. Anschließend Szene 4-6 zeigen. Ggfs. HA: ¿Qué podría responder Moncho a su hermano?
4/5		La educación en la Segunda República Erarbeitung des historischen Kontextes: Pädagogische Reformen	KV 6	Einstieg: Falls HA erteilt wurde, Antwort Monchos. Alternativer Einstieg: Resumid rápidamente lo que le pasó a Moncho. ¿De qué tiene miedo? Erarbeitung der pädagogischen Leitlinien der Zweiten Republik anhand des Grundlagentextes in EA. Aufg. 1: *Describe el sistema pedagógico de la Segunda República*. Anschließend Zwischensicherung in Gruppen und Erstellung eines Informationsplakates. Präsentation im Galeriegang und Bewertung der Plakate mit Klebepunkten. Vertiefung mit Aufg. 2: Den Slogan «Educar para ser libres» ... in Verbindung zum Text bringen.

6	7, 8, 14, 21, 22	Caracterización de Don Gregorio	KV 7	Einstiegsfolie: Ahora Moncho está en su casa y su madre le pregunta: «¿Y el maestro, cómo es?» Charakterisierung Don Gregorios anhand der Intervallsichtung der Szenen 7, 8, 14, 21, 22 in PA Es ist u.U. sinnvoll, den SuS vorab folgende Wörter zu geben: *sobornar a alguien - jmd. bestechen* *pedir perdón - sich entschuldigen* *un ateo - persona que no cree en Dios* Vertiefung: Don Gregorio: *Educar para mí es ...* *Mögliche HA: Compara las ideas de Don Gregorio con los principios de la escuela republicana.*
7		La Segunda República (1931-36) y la Guerra Civil (1936-39) Erarbeitung des historischen Kontextes: Republik und Krieg	KV 8/9	Erarbeitung der wichtigsten Aspekte anhand eines Grundlagentextes. Erstellung einer mapa mental in PA mit anschließender Präsentation Mögliche Vertiefung: M 4
8	8,9	»Un señor que manda mucho» - caracterización	KV 10	Einstieg: Hypothesenbildung anhand zweier Snapshots (Aufg. 1) EA 1: Wortschatzarbeit - Erschließung dreier Begriffe über Definitionen, korrekte Einordnung in den Drehbuchauszug Szene 9 (Aufg. 2-3) EA 2: Sichtung Szene 8, Charakterisierung Don Avelinos anhand expliziter und impliziter Figurenmerkmale (Beobachtung -> Bedeutung, Aufg. 4) Vertiefung: Diskussion der Reaktion Don Gregorios (Murmelphase, Plenum, Aufg. 5) HA: Aufg. 6 - Anfertigen eines Drehbuchdialogs, Füllen einer narrativen Leerstelle

9		Análisis fílmico - la cámara Elementare Filmanalyse (Kamera)	KV 11	Einstieg: Lehrervortrag zu »planos» Alternative: Auflegen der Snapshots und Begriffe als Folienschnipsel, Zuordnung an OHP EA 1: SuS ordnen Definitionen und Abbildungen der ángulos de cámara zu Sicherung im Plenum
	10 a, b, c	Análisis fílmico - el domingo de misa	KV 12	EA 2: Sichtung der Szene 10 (Plenum oder Teams) Bearbeitung der KV 12 in Think-Pair-Share (20 min.), Gruppenpuzzle oder Partnerarbeit KV 12 als Sicherungsfolie/-datei nutzen Vergleich der Ergebnisse im Plenum Vertiefung/HA: los movimientos de cámara →Erschließung in Einzelarbeit
	10	Contra la República - alusiones históricas en LLM	KV 13	Zusatzmaterial zu KV 12, evtl. als umfangreichere HA Weitere mögliche Vertiefung: M 7
10	25, 26, 30, 39, 40	La relación entre Moncho y Don Gregorio Analyse der Figurenkonstellation	KV 14	Einstieg: ¿Cómo debería ser la relación entre un alumno y un profesor? Erarbeitung der Beziehung anhand unterschiedlicher Szenen in GA GA 1: Szene 30; GA 2: Szene 25 GA 3: Szene 26; GA 4: Szene 39 + 40 Die einzelnen Gruppen benötigen idealerweise einen PC und eine DVD zur Bearbeitung der einzelnen Szenen. Alternativ können die Szenen im Plenum gesichtet werden. Vertiefung: La relación entre los dos - ¿es una relación típica entre un alumno y un profesor? Mögliche Vertiefung: M 1

11/12	38	»¡A volar!» Análisis fílmico - el fin de curso	KV 15 KV 16	Möglicher Einstieg mit inhaltlicher Vorerschließung: a) Foto zu Aufg. 4 b) (alternativ bzw. in Kombination) Aufforderung «¡A volar!» Hörverstehen: Sichtung des Films bis 1:16:40 (ohne Untertitel). Hörverstehen anhand Aufg. 1 und 2. Sicherung ggf. anhand der Untertitel. Bearbeitung von Aufg. 2 je nach Leistungsniveau vertiefen. Analyse: Aufg. 3-5 arbeitsteilig oder sukzessiv. Hausaufgabe: KV 15 Aufg. 5 oder KV 16 Aufg. 2 Vertiefung: KV 16 (je nach Vorkenntnissen, sonst s.u.) ggf. zweistündige Variante: mit M 6 das Thema «Montage» erarbeiten und anschließend auf das Beispiel KV 16 anwenden (montaje narrativo/paralelo)
13	41-43	En la taberna - estalla la violencia Vertiefende Analyse des politisch-historischen Kontextes	KV 17	Einstieg (antes): Reaktivierung des Vorwissens zu den zwei Spanien und die politische Situation 1936. Hörverstehen (durante): Hören der Esc. 41 ohne Bild bis 1:15:30 mit Aufg. 1, a-c. Sicherung mit Sichtung und Untertiteln. Analyse (después): Aufg. 2 - ggf. arbeitsteilig bearbeiten, ggf. mit einer Begriffsklärung verknüpfen (anarquía, fascismo, república, monarquía, democracia) Vertiefung: Sichtung der Szenen 42 und 43, Aufg. 3 Aufg. 4 als Transfer (ggf. Hausaufgabe) Vertiefungsmöglichkeit der historischen Analyse mit Zusatzmaterial. Alternative Erarbeitung mit Fokus auf Filmanalyse mit M 3 und M 5.

14-15	0-47	Ver la película Rezeption des Gesamtfilms		Sichtung des gesamten Films bis 1:22:57 Beobachtungsaufgaben arbeitsteilig • el contraste social • la política • informaciones adicionales y más personajes Bei Bedarf Film stoppen und Fragen (auch Verständnisfragen) klären
16	49	Moncho - entre amistad y traición Analyse des moralischen Dilemmas des Protagonisten	KV 18/19	Reaktivierung des Vorwissens anhand eines stummen Bildimpulses KV 18 Sichten der Szene 49 in Teilabschnitten, zunächst 01:23:42 bis 01:27:15 und Erarbeitung mit KV 18; anhand der Sicherungsfolie die Unterrichtsschritte festhalten und anschließend als Kopie an die SuS ausgeben. Überleitung: ¿Qué va a hacer Moncho y por qué? Vertiefung: Innerer Konfliktmonolog Monchos mit KV 19 (oben: Präsentationsfolie, unten: Arbeitsblatt). Pro-und-Kontra-Argumentation für oder gegen die von der Mutter geforderte Beteiligung an den Beschimpfungen (die Freundschaft zu Don Gregorio). Sichten des Teilabschnitts 1:27:15 - 1:28:58 mit Fokus auf den Beschimpfungen gegenüber Don Gregorio: ¿Qué significan esas palabras para la relación entre Moncho y Don Gregorio? ¿Por qué las grita? Didaktische Reserve: ¿Qué significa ahora el título «La lengua de las mariposas»?
17-18		Klausurvorschlag mit Erwartungshorizont	KV 20	

Material adicional

Material	Szene	Inhalt
M 1	30, 27	Motivos y símbolos - la manzana en la huerta
M 2		Texto adicional: Adán y Eva
M 3		Análisis fílmico - la puesta en escena
M 4	5	El ataque de asma - analizar la composición de una imagen
M 5		Análisis fílmico - la iluminación
M 6		Análisis fílmico - el montaje de las imágenes
M 7	9	»Dios no mata» - la técnica del fundido: Detailanalyse der Beziehungen von Form und Inhalt
M 8	48/49	¡Rojo! ¡Espiritrompa! Análisis de la última secuencia: Komplexe Analyse der filmischen Gestaltungsmittel
M 9		Vocabulario para hablar del lenguaje fílmico
M 10	40	Análisis fílmico - el baño: Komplexe Analyse der filmischen Gestaltungsmittel
M 11		El protocolo de una secuencia/escena
M 12		Justicia para la paz - hacer memoria: Vertiefung der interkulturellen/historischen Analyse, Transfer zur Gegenwart
M 13		Habla el director: Rezeptionsanalyse anhand von Zitaten des Regisseurs J.L. Cuerda
M 14		La recepción - tu opinión: Kreative Produktion und Kommentar

KV 1: Crear expectativas

1. **Mirad el tráiler. Trabajad en grupos de tres. Cada uno/a elige una tarea diferente.**
   a. Apuntad las palabras que entendéis.
   b. Apuntad a los personajes que aparecen.
   c. Escuchad el sonido y apuntad vuestras impresiones.

2. **¿De qué temas trata la película?**

«La lengua de las mariposas»

3. **Escribid una historia con todas las informaciones que tenéis hasta ahora. Trabajad en grupos de tres personas.**

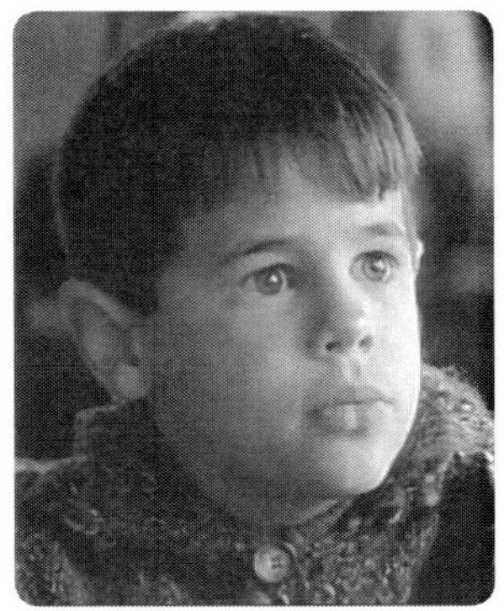

KV 2: El primer día de clase - ¿hay que tener miedo? (Esc. 2, 0:02:27 - 0:09:28)

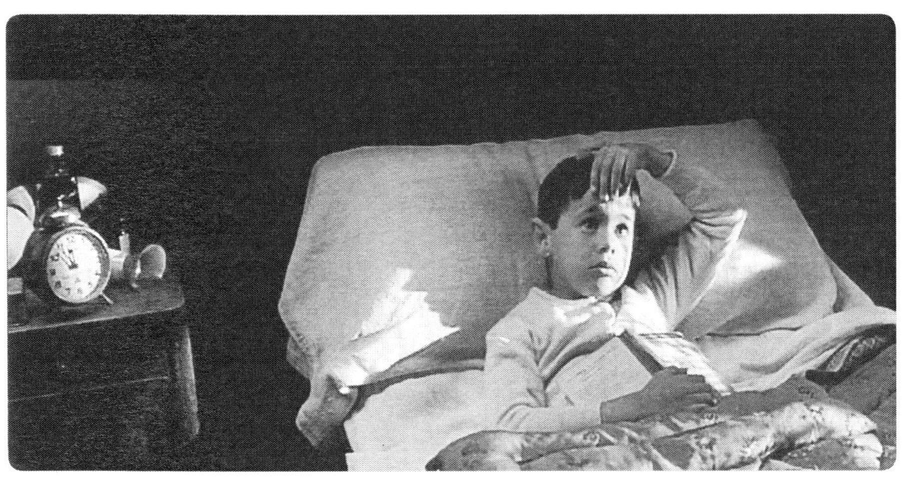

¿Cómo os sentisteis el día antes del primer día de escuela?
¿Cómo podría sentirse Moncho ahora?

- ✂

1. Describe brevemente el lugar de la escena.

2. Anota a los personajes que aparecen en la escena.

3. Resume los pensamientos y los miedos que tiene Moncho antes de su primer día de escuela.

KV 3: La escuela

Describid la escuela, los alumnos y el ambiente. ¿Qué diferencias hay en comparación con la escuela alemana?

Tomad notas, también en la transparencia.

KV 4: Caracterización de Moncho

Caracterizad a Moncho.
¿Cómo se comporta en su primer día? Buscad adjetivos adecuados y tomad notas, también en la transparencia.

KV 5: ¿Cómo va a continuar el día de Moncho?

Trabajad de a dos e inventad el final de la escena.

....

....

....

....

....

....

....

....

....

....

....

....

....

....

....

....

....

....

KV 6: La escuela en la Segunda República Española

Tarea:

1. Describe el sistema pedagógico de la Segunda República.
2. Partes de este texto fueron publicadas bajo el título «Educar para ser libres». Explica este título con relación a las informaciones del texto.

Las enseñanzas de la República

Una escuela pública, obligatoria, **laica**, mixta, inspirada en el ideal de la solidaridad humana, donde la actividad era el **eje** de la metodología.

Así era la escuela de la Segunda República Española. De todas las reformas que se **emprendieron** a partir de abril de 1931, la estrella fue la de la enseñanza. «Sin ninguna duda, la mejor tarjeta de presentación de la República fue su proyecto educativo», asegura el **catedrático** Antonio Molero. «Había que implantar un Estado democrático y se necesitaba un pueblo alfabetizado». El proyecto de reforma republicano se propuso modernizar la enseñanza a partir de los principios marcados por la Institución Libre de Enseñanza[1].

En 1931, la República encontró una España analfabeta y **desnutrida**. Había que hacer escuelas, muchas escuelas. Y con los mejores maestros. «Se hizo del maestro la persona más culta, eran los intelectuales de los pueblos y, con toda la **precariedad** en que vivían, ejercieron de una forma digna», señala Consuelo Domínguez, doctora en Historia por la Universidad de Huelva. Además, la nueva escuela tenía que estar libre de la influencia de la Iglesia. A las **órdenes religiosas** se les prohibió impartir enseñanza mientras a los maestros se los «libera» de la obligación de dar doctrina religiosa en clase.

Para poder realizar esta reforma, se encargó [...] la elaboración de una nueva ley con la finalidad de instituir en España la escuela «unificada», para todos los niños y niñas. Ésta debía **revestir** los siguientes caracteres:

1. La educación pública es una función del Estado.
2. La educación pública debe ser laica. La escuela debe limitarse a dar información sobre historia de las religiones, con especial atención a la religión católica.
3. La educación pública debe ser gratuita, especialmente en las enseñanzas primarias y media.
4. La educación pública debe tener un carácter activo y creador.
5. La educación pública debe tener un carácter social. No debe ser un centro aislado de la comunidad social sino mantener relaciones con padres, entidades profesionales y culturales, etc.
6. La educación pública atiende por igual a los alumnos de uno y otro sexo.

Con aquellas **mimbres** comenzó a tejerse un sistema educativo que puso el énfasis en el alumno, le hizo protagonista de las clases y de su formación. Los **críos** salían al campo para estudiar ciencias naturales, se trataron de **sustituir** los monótonos coros infantiles recitando lecciones de memoria por el debate participativo y pedagógico; los niños y las niñas se mezclaron en las mismas aulas, donde se educaban en igualdad.

Texto recopilado a base de las siguientes fuentes:
Morán, Carmen (2006): Las enseñanzas de la República. El País, 17.2.2006;
Pérez Galán, Mariano (2011): La enseñanza en la Segunda República. Madrid: Biblioteca Nueva [1975]; Vera Pinedo, José Agustín (2006): Técnicas e instrumentos para la enseñanza de la ciencia del siglo XIX. UPTC; elaboración propia.

Vocabulario: laico – *weltlich*; eje – *Dreh- und Angelpunkt*; emprender – aquí: empezar; el catedrático – *Universitätsprofessor*; desnutrido – *unterernährt*; la precariedad = la pobreza; la órden religiosa – *Ordensgemeinschaft (die in Spanien für die Schulen zuständig war)*; impartir clases = dar clases; revestir: tener; la mimbre – *Teil eines Geflechts, hier: Element*; los críos = los niños; sustituir – *ersetzen*

1 La Institución Libre de Enseñanza (I.L.E.), fundada en el año 1876, veía la educación como un instrumento de cambio social. Apoyaba una eduación liberal sin intervención de la Iglesia. Para más infomación sobre la I.L.E. véase Willenbrink 2009:38.

KV 7: Caracterización de Don Gregorio

Imaginad la respuesta de Moncho a su madre y formulad una frase.

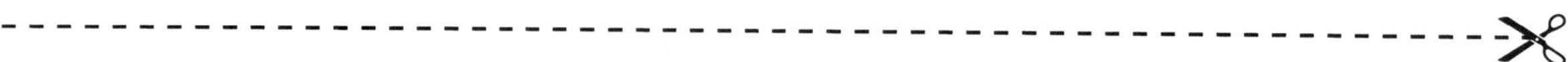

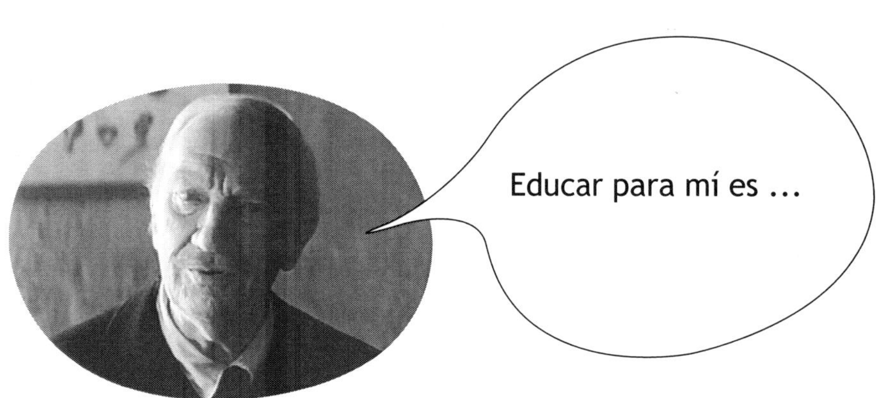

KV 8: La Segunda República (1931-36) y la Guerra Civil (1936-39)

Los años treinta del siglo XX arrancan con una gran inestabilidad social y política: En las elecciones municipales de 1931 ganaron los partidos republicanos y socialistas. El Rey Alfonso XIII abdicó y se proclamó la República.

Muchos veían en la República la posibilidad de reformas políticos y sociales que necesitaba el país. Por ejemplo se quiso expropiar las tierras de la aristocracia y de la Iglesia para ayudar a la población que vivía de la agricultura. Otro aspecto importante era la reforma educativa: El país tenía unas 30.000 escuelas, pero eran necesarias el doble. Por eso se aprobó un plan para crear unas 5.000 escuelas al año y emplear maestros cualificados. Además, la enseñanza pasó a ser gratuita y laica. Sin embargo, el Gobierno se encontró con grandes dificultades: la Iglesia, la aristocracia, la burguesía industrial y los partidos monárquicos no aceptaban las reformas.

Nacen los nacionalismos catalán, gallego y vasco, para muchos un peligro para la unidad de España. Por otro lado grupos de izquierda buscaron el camino revolucionario que causó conflictos públicos, como la quema de iglesias y monasterios. Los grupos de derecha – falangistas, carlistas, conservadores – atacaron violentamente el Estado republicano.

Después de la victoria del Frente Popular en las elecciones del febrero de 1936, se pusieron en vigor reformas radicales. Tanto los grupos obreros extremistas como las organizaciones de la derecha pasaron a la lucha callejera, lo que ocasionó una auténtica escalada de violencia entre mayo y julio. En varias partes de España, campesinos ocuparon tierras en los latifundios. El 16 de junio de 1936, los políticos conservadores Gil Robles y Calvo Sotelo acusaron duramente al Gobierno y llegaron a defender un sistema fascista.

Esta inestabilidad social provocó que unos generales bajo el mando de Francisco Franco se levantaran contra el Gobierno. El 17 de julio de 1936 tuvo lugar un golpe de Estado. Se esperaba un triunfo rápido, pero la resistencia de los grupos de izquierda y de los sindicatos hizo que este levantamiento se convirtiera en una larga y cruel guerra civil.

A las partes del conflicto se las conoce como bando republicano y bando nacional. Los Republicanos tenían el apoyo de los partidos de izquierda, de la URSS y de los voluntarios de las Brigadas Internacionales. Los Nacionales tenían a su lado gran parte del ejército, los partidos conservadores y fascistas, la Iglesia y los monárquicos. Además, los nacionales fueron ayudados por los regímenes fascistas de Portugal, Italia y Alemania.

La Guerra Civil duró hasta el 1 dc abril de 1939 cuando Franco declaró su victoria y estableció una dictadura que duró hasta 1975. En los primeros años del franquismo fueron detenidos unos 250.000 españoles y ejecutados unos 30 mil.

Muchos de los aspectos culturales de la España actual no se entienden si no se conoce el pasado reciente que está marcado por la Guerra Civil (1936-1939).

Adelante Nivel Avanzado, p. 89 (institutonline.net); Historia de España. 2° Bachillerato. Madrid: Akal 1998, p .290 (cit. en: Jens Meyer: La España de hoy y sus raíces. Bamberg: Buchner, 2008, p. 18s.); elaboración propia.

Vocabulario: arrancar = *empezar;* las elecciones – *die Wahlen;* abdicar – *abdanken;* expropiar – *enteignen;* la Iglesia – *die Kirche;* aprobar – *verabschieden, beschließen;* el maestro – *Lehrer;* laico, a – weltlich; la burguesía – *Bürgertum, Bourgeoisie;* la unidad – *die Einheit;* la quema – Brandstiftung; obrero – *Arbeiter;* las tierras – *Ländereien;* el latifundio – *Großgrundbesitz;* provocar – *führen zu;* el golpe de Estado – *Putsch;* el sindicato – *Gewerkschaft*

KV 9: Mapa mental

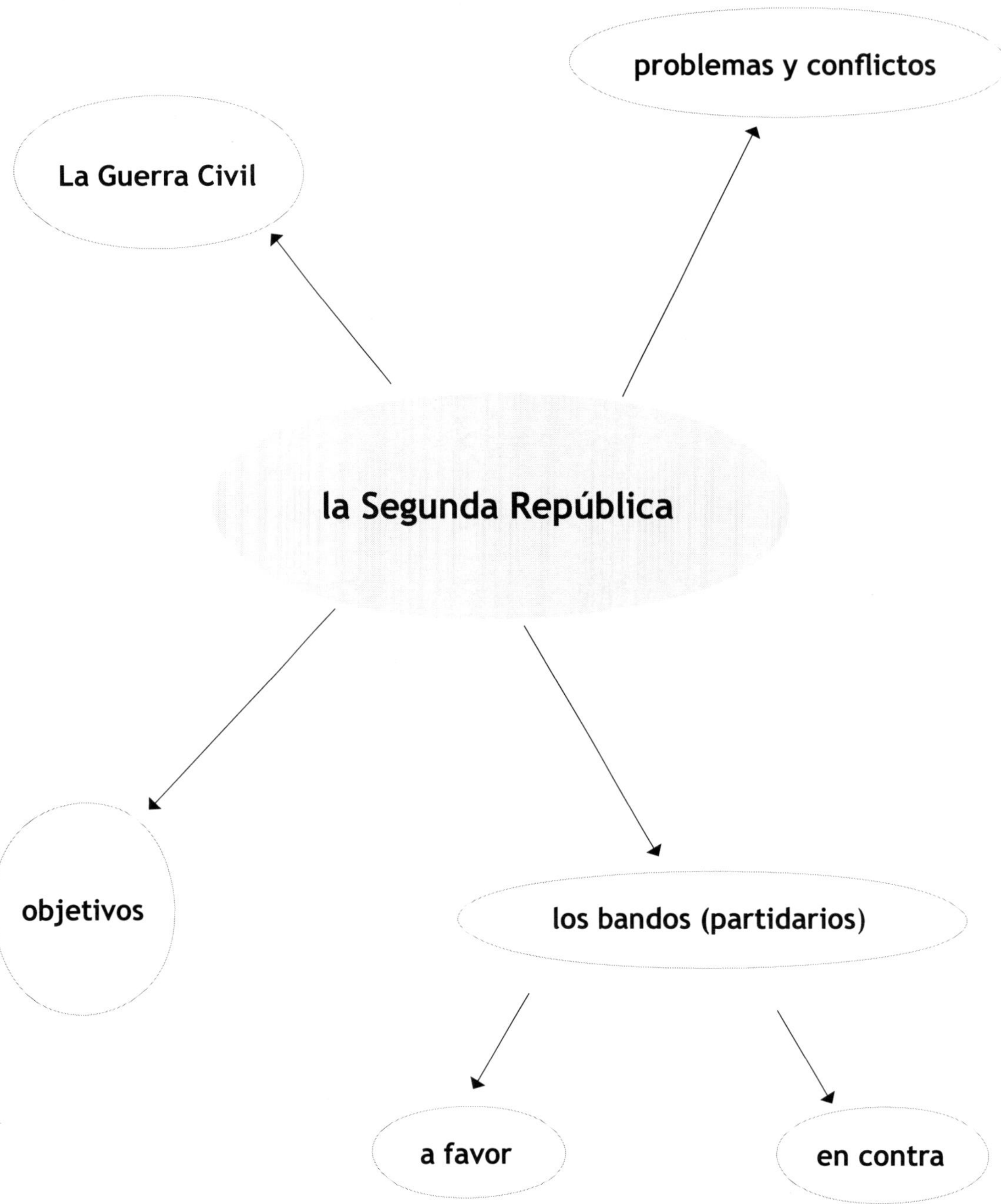

KV 10: «Un señor que manda mucho» - caracterización (Esc. 8/9, 0:12:14 - 0:13:47; 0:14:52-0:15:17)

1) **Describe a los personajes. ¿Qué estarán diciendo y pensando? ¿Quién podría ser el señor de la foto a la izquierda?**

2) **Relaciona las palabras con la definición correcta.**

el maestro	... presidente del ayuntamiento y primera autoridad gubernativa en un municipio*
el alcalde	... el joven de una familia de buena posición social o económica que lleva una vida frívola (leichtlebig)
el señorito	... persona que enseña cualquier cosa/ persona que da la primera enseñanza

* Definiciones procedentes de: Moliner, María: Diccionario de uso del español, Madrid: Gredos, 1991.

3) **Lee el extracto del diálogo entre Moncho y su madre (14:52-15:17). Pon las palabras adecuadas (no. 2) en los huecos del texto.**

Moncho ¡Don Gregorio no pega!
Andrés ¿De verdad?
Moncho De verdad. Y le ha devuelto unos capones a un señor que manda mucho porque es muy rico.
Rosa (Extrañada, deja de pelar la patata que tiene entre las manos) Y tú, ¿cómo lo sabes?
Moncho Lo ha dicho su hijo, uno que le llaman José María. Dice que su padre manda más que el ___________.
Rosa ¿Y qué capones son esos?
Moncho Ese señor, que se llama don Avelino, se los quería regalar al __________ para que le enseñe bien las cuentas a su hijo. Pero el hijo no quiere estudiar. Dice que de mayor va a ser ____________ en Coruña.

Azcona 1999: 24s.

Vocabulario: extrañado, a = sorprendido; el capón – *Kapaun, Masthahn*

4) **Mira ahora la escena 8 (0:12:14-0:13:46).**
   a) Nombra elementos (comportamiento de los personajes, aspecto, ...) que confirman que Don Avelino es muy rico.
   b) Caracteriza a Don Avelino tal como es presentado en estas escenas.

5) **Discute la reacción del maestro Don Gregorio.**
   Opina si te parece:
   +/- adecuada/correcta, +/- prudente, ... y si habría posibles alternativas.

6) **Por la tarde, José María vuelve a casa. Imagina la discusión que tiene con su padre. Ten en cuenta lo que dicen los personajes en la película.**

KV 11: Análisis fílmico - la cámara: planos, ángulos, movimientos

En el cine, los personajes y los objetos se muestran en tamaños *(Größen)* diferentes. Se utilizan distintos planos de cámara para destacar determinadas partes de la imagen. Cada plano produce un efecto distinto en el espectador y da un significado especial a la acción y al ambiente.
Para los espectadores, es importante entender estos efectos y significados.

A) Los planos de cámara

Gran plano general (GPG) Se da la visión panorámica de un paisaje	**Wide (Panorama, Weit)** Panorama, Weit → Sirve para establecer el lugar, la situación general	
Plano general (PG) El personaje en su entorno	**Full (Totale)** Totale → Predomina el entorno, se describe el lugar / el ambiente	
Plano entero (PE) El cuerpo entero, su entorno	**Full (Halbtotale)** Halbtotale → Muestra al personaje en su entorno, pero la atención se centra en el personaje	
Plano americano (PA) De las rodillas hacia arriba - típica de las películas del oeste	**Medium (Amerikanische)** Amerikanische → El personaje en su entorno, una actitud especial	
Plano medio (PM) De la cintura hacia arriba	**Medium (Halbnah)** → Posición «normal» para mostrar conversaciones; muestra relaciones entre los personajes	
Plano medio corto (PMC) La cabeza y los hombros / parte del pecho	**Close-up (Nah)** → Aisla a un personaje para concentrar la atención en él	
Primer plano (PP) La cara de un personaje	**Close-up (Groß)** → Muestra la expresión de la cara: los sentimientos, los pensamientos, ...	

Plano detalle (PD) Una parte incompleta del cuerpo, un detalle específico	Extreme close-up (Detail) → Enfatiza un elemento «invisible», para dramatizar, por ejemplo	

B) Ángulos de cámara

El ángulo de cámara o la perspectiva es otro recurso para dar un significado especial a las imágenes.
La perspectiva puede caracterizar a un personaje o una situación, porque tiene un efecto específico en la opinión del espectador sobre los acontecimientos.

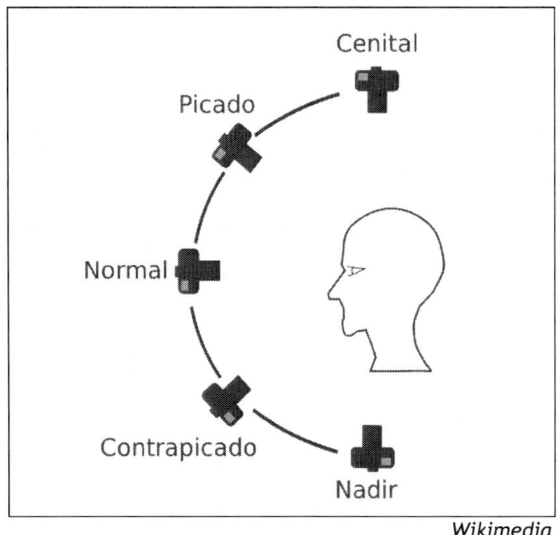

Wikimedia

Tarea (adaptada de Eigenwald 2009: 68)
Lee las informaciones sobre las diferentes perspectivas y su efecto sobre el espectador. Después, relaciona la información con la toma correcta.

a) Ángulo ____________________

Se suele utilizar para producir significados especiales sobre los personajes y objetos: por ejemplo, para subrayar la altura de un objeto, para mostrar el entorno del personaje, para destacar un detalle importante, para expresar una jerarquía.

1) Ángulo normal

b) Ángulo ____________________
La altura de la cámara corresponde a la mirada de un adulto. A menudo sirve para dar una visión objetiva o neutral de los elementos.

2) Ángulo contrapicado

c) Ángulo ____________________
Puede servir para reducir el tamaño de un personaje o de un objeto, y así, reducir también su poder.

3) Ángulo nadir

d) Ángulo ____________________
Se suele utilizar en situaciones especiales. Se usa normalmente para expresar la altura de un objeto/de un personaje, a veces bajo una sensación de amenaza o peligro.

4) Ángulo picado

e) Ángulo ____________________
Se suele utilizar para hacer aparecer más grandes a los personajes u objetos. A veces, corresponde a la perspectiva de un niño, pero también puede subrayar la importancia o el poder de un personaje.

5) Ángulo cenital

C) Movimientos de cámara

Hay diferentes posibilidades para mostrar movimientos de objetos o para cambiar la perspectiva en una misma toma. Al analizar una película, hay que preguntar, p. ej., si un movimiento de cámara obedece sobre todo a la lógica de la narración o si quiere establecer un significado especial.

Movimiento sobre el propio eje: paneo y tilt

El Paneo (ingl. *pan*) es un movimiento de la cámara sobre su propio eje a la izquierda o derecha. El movimiento vertical hacia arriba o abajo se llama Tilt. También se habla de Panoramica horizontal o vertical.

Movimiento de la cámara entera: travelín

La cámara se mueve sobre rieles, sobre una plataforma («Dolly»), montada en un vehículo o incluso en una grúa para abarcar espacios grandes. Puede acercarse al ob-

jeto o alejarse, o bien moverse junto al objeto. El travelín suele dar un cierto significado al objeto o a la situación: p.ej., el travelín hacia adelante puede engrandecer a un personaje o subrayar sus emociones.
Mediante el zoom, se puede cambiar la distancia hacia un objeto solo a través de la lente de la cámara.

Movimiento del camarógrafo: cámara en mano, steadicam
En este caso, el camarógrafo se mueve a pie con la cámara, p.ej. por un edificio o pasillos estrechos. La cámara puede estar atada al cuerpo para garantizar más estabilidad, o llevarse solo a mano, lo que produce imágenes inestables y un efecto de documental.

Tarea: Explica qué tipo de movimiento se utiliza en estas dos escenas.

a) esc. 24 ______________________ efecto ______________________

b) esc. 5 ______________________ efecto ______________________

KV 12: Análisis fílmico: El domingo de misa (Esc. 10, 0:17:03 - 0:19:10)

1. Describid el plano y ángulo de cámara y la posición de los personajes.

2. Analizad lo que expresan estos recursos estilísticos sobre la relación de Moncho y su familia con su entorno *(Umgebung)*.

a)

Plano de cámara/Ángulo: __________

La posición de los personajes: __________

Significado/Efecto: __________

b)

Plano de cámara/Ángulo: __________

La posición de los personajes: __________

Significado/Efecto: __________

c)

Plano de cámara/Ángulo: __________

La posición de los personajes: __________

Significado/Efecto: __________

d)

Plano de cámara/Ángulo: __________

La posición de los personajes: __________

Significado/Efecto: __________

KV 13: Contra la República - alusiones históricas (Esc. 10, 0:17:03-0:19:10) (Material adicional)

La Segunda República se encontró, pues, con grandes problemas:

– la oposición de los sectores sociales que hasta entonces habían controlado el país: la alta burguesía terrateniente, industrial y financiera y la Iglesia Católica. Fueron apoyados por la pequeña burguesía agraria de Castilla León, por los elementos fascistas y por grandes sectores del Ejército y la Guardia Civil. Desencadenarían el golpe de Estado del 18 de julio de 1936 que daría inicio a la Guerra Civil. [...]

«La Segunda República», Blog social-es-sinclases <http://social-es-sinclases.blogspot.de/2015/05/la-segunda-republica.html> (9-5-2015, consultado: 6.7.2016)

Vocabulario: desencadenar – *entfesseln*, dar inicio – *den Startschuss geben*

Darles fuego

1. **Relaciona a los personajes con el texto informativo sobre los sectores sociales en España.**
2. **Juzga la frase de Don Avelino (véase la imagen).**
3. **El personaje de Don Avelino no existe en el relato «La lengua de las mariposas» y fue inventado para la versión fílmica. Discute por qué el director y el guionista habrán incluido a este personaje.**

KV 14: La relación entre Moncho y Don Gregorio

¿Cómo debería ser la relación entre un profesor y su alumno y por qué?

Mögliche Vorgaben

abierta	amistosa	conflictiva	estricta
respetuosa	comprensiva	impersonal	desconsiderada *(rücksichtslos)*
agresiva	difícil	confiada	...

- ✂

1. **Trabajad en cuatro grupos y analizad la relación entre Moncho y Don Gregorio.**

Grupo 1 Escena 30 0:52:17-0:54:11	**Grupo 2** Escena 25 0:45:17-0:46:52	**Grupo 3** Escena 26 0:46:53-0:49:02	**Grupo 4** Escena 39 + 40 1:11:00-1:11:44 1:11:45-1:14:34

   a. Mirad la escena.
   b. Resumid lo que pasa en la escena.
   c. ¿Cómo es la relación entre Moncho y Don Gregorio? Describidla y anotad vuestros resultados en la transparencía.

2. **La relación entre Moncho y Don Gregorio - ¿una relación típica entre un alumno y su profe? ¿Qué pensáis?**

....

....

....

....

....

....

....

....

KV 15: «¡A volar!» - (Esc. 38, 1:08:25 - 1:10:59)

1. **Se celebra**
   el nombramiento del alcalde. ☐
   la jubilación de Don Gregorio. ☐
   el fin de curso. ☐

2. **¿De qué está seguro el maestro?**
   Está seguro de que los españoles van a vivir en libertad. ☐
   Está seguro de que los españoles quizás van a vivir en libertad. ☐
   Está seguro de que los españoles nunca van a vivir en libertad. ☐

3. **Don Gregorio habla en su discurso de un lobo (Wolf) que «nunca dormirá en la misma cama con el cordero» (Lamm). ¿Cómo se pueden relacionar el lobo y el cordero con los dos bandos políticos?**

....

....

....

4. **«Y ahora ¡a volar!» Explica a quién se dirige y qué significa esta frase.**

....

....

5. **Analiza por qué Don Avelino sale de la escuela mientras Don Gregorio habla de la República.**

....

....

KV 16: Análisis fílmico - el fin de curso

El discurso de fin de curso

1) Describe las imágenes y a los personajes.
2) Estas tomas se suceden directamente en la película. Analiza el efecto que quiere producir este montaje

KV 17: En la taberna - estalla la violencia (Esc. 41-43, 1:14:35-1:16:40/1:18:30)

En la escena de la taberna de *La lengua de las mariposas*, se escuchan citas del debate parlamentario del 16 de junio de 1936 acerca de la situación de España. Motivo del debate fue una proposición de los partidos de derecha que pedían «la rápida adopción de las medidas necesarias para poner fin al estado de subversión en que vive España.»

Díaz-Plaja, Fernando (1963): El Siglo XX. La Guerra (1936-39). Madrid: Faro.

1) **Escucha las palabras del locutor de la radio y combina las frases en el orden correcto.**

   a) Según el locutor de la radio, el señor Gil Robles dijo que
      - ☐ en sovietismo o en fascismo
      - ☐ no puede vivir en anarquía
      - ☐ un país puede vivir en monarquía o en república
      - ☐ hoy España asiste a los funerales de la democracia
      - ☐ en sistema parlamentario o en sistema presidencial

   b) ¿En qué orden aparecen las siguientes expresiones? Sobra una expresión.
      - ☐ estado estéril
      - ☐ estado fascista
      - ☐ estado viable
      - ☐ estado republicano

   c) ¿Qué opina el Sr. Calvo Sotelo sobre la Constitución de la República?

....

....

2) **Explica las ideas de los políticos Gil Robles y Calvo Sotelo, indicando el conflicto político que expresan. Mira también el texto introductorio.**

3) **Al salir de la taberna, Don Gregorio, que está a favor de la República, tiene que vomitar (esc. 42). Discute las razones de este malestar físico.**

4) **Mira la escena siguiente (esc. 43) con O'Lis y el perro. Describe la atmósfera de la escena y compárala con los acontecimientos en la taberna (y después).**

KV 18: Moncho - entre amistad y traición (Esc. 49, 1:23:43-1:28:58)

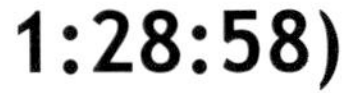

1. ¿Qué personajes importantes aparecen? Nombradlos y ordenadlos según sus convicciones políticas.

republicanos	nacionales	desconocido

2. ¿Por qué grita Rosa y por qué quiere que su familia grite también? Explicadlo.

KV 19: Monólogo conflictivo interior de Moncho

Escribid el monólogo conflictivo interior de Moncho.

Trabajad en grupos de tres. Buscad a los compañeros que tienen la hoja del mismo color.

M (Moncho) = introduce la situación y al final formula una decisión
+ (el demonio) = presenta argumentos a favor de gritar
- (el ángel) = presenta argumentos en contra de gritar

KV 20: Klausurvorschlag

Nombre y apellido Mucha suerte ☺

Tareas:

1. **Resume brevemente el texto.**

2. **«¡Moncho, papá no le regaló un traje al maestro!» - Después de la conversación con su madre, Moncho está muy confuso y no comprende muy bien lo que está pasando. Piensa en su familia, en Don Gregorio, los buenos momentos que han vivido juntos y la situación actual. Ponte en el lugar de Moncho y escribe su monólogo interior después de la conversación con su madre.**

Manuel Rivas: La lengua de las mariposas

¡Moncho, papá no le regaló un traje al maestro!

Algo extraño estaba sucediendo. Oí el estruendo de una moto solitaria. Era un guardia con una bandera sujeta en el asiento de atrás. Pasó delante del ayuntamiento y [...] gritó: «¡Arriba España!» Y arrancó de nuevo la moto dejando atrás una estela de explosiones. Las madres empezaron a llamar a sus hijos.

En casa, parecía que la abuela se hubiese muerto otra vez. [...] Mi madre lloraba y hacía cosas sin sentido, como abrir el grifo de agua y lavar los platos limpios y guardar los sucios. Llamaron a la puerta y mis padres miraron el pomo con desazón. Era Amelia, la vecina. [...] «¿Sabéis lo que está pasando? En Coruña, los militares han declarado el estado de guerra. Están disparando contra el Gobierno Civil». «¡Santo Cielo!» se persignó mi madre. [...]

Al día siguiente no me dejaron salir a la calle. [...] Llegaron tropas de la capital y ocuparon el ayuntamiento. Mamá salió para ir a misa, y volvió pálida y entristecida, como si hubiese envejecido en media hora. «Están pasando cosas terribles, Ramón», oí que le decía, entre sollozos, a mi padre. También él había envejecido. Peor aún. Parecía que hubiese perdido toda voluntad. [...] No hablaba. No quería comer.

«Hay que quemar las cosas que te comprometan, Ramón. Los periódicos, los libros. Todo.» Fue mi madre la que tomó la iniciativa durante aquellos días. Una mañana hizo que mi padre se arreglara bien y lo llevó con ella a misa. Cuando regresaron, me dijo: «Venga, Moncho, vas a venir con nosotros a la Alameda.» Me trajo la ropa de fiesta y mientras me ayudaba a anudar la corbata me dijo con voz muy grave: «Recuerda esto, Moncho, Papá no era republicano. Papá no era amigo del alcalde. Papá no hablaba mal de los curas. Y otra cosa muy importante, Moncho: Papá no le regaló un traje al maestro.» – «Sí que se lo regaló!» – «No, Moncho. No se lo regaló. ¿Has entendido bien? ¡No se lo regaló!» – «No, mamá, no se lo regaló!»

(texto abreviado)

Vocabulario: estruendo = ruido; sujeto,a – befestigt; «¡Arriba España!» – grito de los falangistas/nacionales; arrancar – *hier: anlassen*; estela de explosiones – *eine Reihe von Explosionen (Knalllaute aus dem Auspuff)*; hubiese = hubiera; el pomo – *der Türknauf*; la desazón – *das Unbehagen;* disparar contra alguien – *auf jemanden schießen;* persignarse – *sich bekreuzigen (christliche Geste);* pálido,a – *blass;* entristecido,a – *betrübt, traurig*; los sollozos – *das Schluchzen;* quemar – *verbrennen;* comprometer – *kompromettieren, bloßstellen, hier: belasten;* la Alameda – *hier: Dorfplatz mit Bäumen;* anudar la corbata – *die Krawatte binden*

Erwartungshorizont

Aufgabe 1: Resume brevemente el texto. [50%]	+	o	-
• Introducción • Un día, los nacionales están proclamando el fin de la república delante del ayuntamiento. • Por consecuencia, Moncho tiene que volver a casa donde hay una atmósfera rara y tensa. • La vecina llega y anuncia que en A Coruña los militares han declarado el estado de guerra. • Al día siguiente, Moncho no puede salir de casa porque llegan tropas de la capital. • Los padres se dan cuenta de que algo terrible está pasando. • Es la madre la que toma la iniciativa y que quema todas las cosas que prueban que Ramón también es republicano. • Cuando una mañana sale con su familia al pueblo, la madre le habla con insistencia a Moncho, diciéndole que su padre no era republicano ni amigo del alcalde ni enemigo de los curas y sobre todo que no le regaló un traje al maestro. • Primero Moncho le contradice pero al final acepta la versión de su madre.			

Aufgabe 2: Ponte en el lugar de Moncho y escribe su monólogo interior. [50%]	+	o	-
Formale Aspekte: • Einleitung/Introducción • Kohärenter, logischer und nachvollziehbarer Textaufbau • Abschluss/Fazit **Inhaltliche Aspekte:** • Rückbezug auf den Ausgangstext und die darin geschilderte Situation > la madre quiere que Moncho niegue que su padre le haya regalado un traje al maestro. • Rückbezug auf die Unterrichtsinhalte (p.ej. Don Gregorio es más que un profesor para él, es como un abuelo/amigo; le salvó la vida etc.) • Reflexionen Monchos über seine Freundschaft zu Don Gregorio und ihre gemeinsamen Erlebnisse • Verdeutlichung des inneren Konfliktes von Moncho (familia-amistad) • Verdeutlichung seiner Verwirrung / seines Unverständnisses über/für die Situation und die Forderung seiner Mutter			

M 1: Motivos y símbolos – la manzana en la huerta

En *La lengua de las mariposas*, la religión católica es muy importante para algunos protagonistas y para la sociedad española. La película usa varios símbolos bíblicos para caracterizar a los personajes y para comentar ciertas acciones. Vamos a analizar ahora unos ejemplos.

1) **Mira la escena 30 (0:52:17 – 0:54:11) entre Don Gregorio y Moncho en la huerta.**
   a) Primero, describe el ambiente de esta escena (luz, colores, música, acción).
   b) Después, resume la conversación entre los dos protagonistas en cuanto a los temas y las posiciones de los personajes. ¿De qué temas hablan? ¿Qué opinan?

2) **Al final, Moncho da un mordisco a la manzana que Don Gregorio le ha ofrecido. Relaciona la escena (el ambiente, los temas, el mordisco) con la historia de Adán y Eva en el paraíso bíblico (véase M 2). Analiza las denotaciones y connotaciones del mordisco en la manzana (véase M 2 «El significado de las imágenes»).**

	Significado primero/denotación:
Esc. 30, min. 54:06: Don Gregorio le da a comer una manzana a Moncho. Además, le habla del infierno.	Significado simbólico/connotación:

3) **Compara el significado bíblico de la manzana como «pecado original» (desobedecer a Dios) con el uso de la manzana en esc. 27 (la visita inesperada de Carmiña).**

M 2: Texto adicional - Adán y Eva

Peter Paul Rubens / Jan Breughel el Viejo. - El Jardín del Edén con la caída del hombre ‹https://commons.wikimedia.org/w/index.php?curid=8769226›

El hombre desobedece a Dios (Génesis 3, 4-6)

[...] Pero la serpiente insistió:

—Eso es mentira. No morirán. Dios bien sabe que, cuando ustedes coman del fruto de ese árbol, serán iguales a Dios y podrán conocer el bien y el mal. La mujer se fijó en que el fruto del árbol sí se podía comer, y que sólo de verlo se antojaba y daban ganas de alcanzar sabiduría. Arrancó entonces uno de los frutos, y comió. Luego le dio a su esposo, que estaba allí con ella, y también él comió.

Traducción en lenguaje actual (TLA). Copyright © 2000 by United Bible Societieshttps://www.biblegateway.com/passage/?search=G%C3%A9nesis+3%3A1-7&version=TLA

Texto informativo adicional

El significado de las imágenes

En el cine muchas imágenes muestran no sólo algún objeto directamente (una denotación), sino que incluyen un segundo significado indirecto (una connotación) que los espectadores tienen que descifrar. De esta manera, se produce una interpretación más profunda de los acciones, personajes o hechos presentados.

Las connotaciones pueden ser más o menos convencionales y más o menos difíciles de comprender. A veces se trata de imágenes muy típicas (una carretera abierta = un futuro abierto, un caballo en galope = la libertad), y muchas veces se usan símbolos religiosos como la cruz cristiana (que puede, por ejemplo, significar la muerte o el **sacrificio de un personaje). Otras veces, solo la combinación de las imágenes (el montaje) produce un significado especial: los niños en clase (imagen 1) + un pájaro al aire libre (imagen 2) → deseo de libertad de los chicos, deseo de estar fuera en vez de tener clase[4].**

4 Gast, Wolfgang (1993): Grundbuch. Einführung in Begriffe und Methoden der Filmanalyse. Frankfurt/M.: Diesterweg, 1993, p. 39.

M 3: Análisis fílmico – la puesta en escena

En una película, cada imagen contiene un escenario montado y filmado a propósito. Se habla de «puesta en escena» *(Mise-en-scène)*. Es decir, es una imagen artificial que debe producir cierto efecto en el espectador.
Además del uso de la cámara, se usan diferentes elementos de puesta en escena: la posición de los personajes y de los elementos, el decorado y la ropa, la iluminación y los colores, el uso de lugares «cerrados» o «abiertos», el uso de símbolos, etc.

A

1) Describe la posición de la cámara y de los personajes.
2) ¿Qué ideas y significados se transmiten?

Es el día del golpe contra la República.

1) Describe los elementos de la imagen.
2) Analiza posibles significados que produce esta imagen en cuanto al futuro de Moncho y Andrés.

Tus ideas:

M 4: El ataque de asma - analizar la composición de una imagen

En su huida por la alameda del pueblo (esc. 5 b), Moncho está mirando a la gente y el bullicio de la calle. Por ejemplo, ve unos animales enjaulados y una liebre.

1) **Describe la imagen.**

2) **Relaciona los elementos de la imagen:**
   a) con la situación de Moncho → véase también la imagen de los animales enjaulados en la misma secuencia
   b) con la situación de la Segunda República Española

3) **Imagina los pensamientos de Moncho y escribe tus propios pensamientos.**

....

....

....

....

....

....

....

....

....

....

....

....

....

M 5: Análisis fílmico - la iluminación

La luz y los colores en el cine y la literatura tienen diferentes funciones y significados simbólicos. El uso de colores y luces sirve, por ejemplo, para caracterizar a personajes, para subrayar y transmitir sensaciones de los personajes, para describir el ambiente.

1) Apunta tus asociaciones con las siguientes palabras.

2) Compara las siguientes imágenes y analiza la caracterización que se hace de los personajes y de la situación.

1	2
descripción: ____________________	descripción: ____________________
____________________	____________________
significado: ____________________	significado: ____________________
____________________	____________________

3

descripción: ______________________________

____

significado: ______________________________

____

4

descripción: ______________________________

____

significado: ______________________________

____

5

descripción: ______________________________

____

significado: ______________________________

____

6

descripción: ______________________________

____

significado: ______________________________

____

7

descripción: ______________________________

____

significado: ______________________________

____

8

descripción: ______________________________

____

significado: ______________________________

____

3) Mira las escenas 30 (En la huerta) y 41 (En la taberna / la radio). Analiza la atmósfera y los recursos fílmicos (cámara, luz, sonido, ...) que producen esta atmósfera.

M 6: Análisis fílmico – el montaje de las imágenes

Para analizar el cine, no sólo hay que mirar imágenes aisladas. Sobre todo, el modo de combinar las imágenes produce un efecto especial en el espectador.
Podemos distinguir: a) la combinación de las imágenes dentro de una secuencia/ escena (el montaje / Montage), b) la transición entre dos imágenes y, en especial, entre dos secuencias/escenas (el corte = Blende/Schnitt).

El montaje dentro de una escena puede tener diferentes funciones:

a) para describir una situación (montaje descriptivo)
b) para narrar una acción «en directo» / una escena (montaje escénico), para narrar varias acciones que ocurren a distancia temporal / con saltos temporales (montaje narrativo)
c) para mostrar y comparar dos acciones paralelas: como narración paralela o como contraste (montaje paralelo/comparativo)
d) para expresar una idea general a través de imágenes diferentes, aislados (montaje metonímico)
e) uso de símbolos para crear un significado (montaje simbólico) → p.ej. la toma de una olla hirviente para aludir al clima político «en ebullición»
f) uso de imágenes muy diferentes, que describen sentimientos, pensamientos, etc. (montaje asociativo)

El montaje entre imágenes (corte) normalmente sigue reglas claras para que el cambio entre las imágenes parezca natural:

1) Un recurso frecuente es el plano-contraplano: Se intercambian posiciones opuestas, p.ej. para mostrar diálogos entre los protagonistas.
2) A veces, se destaca el corte entre imágenes para producir un efecto especial, por ejemplo mediante fundidos (Überblendung), el jump-cut o el match-cut.

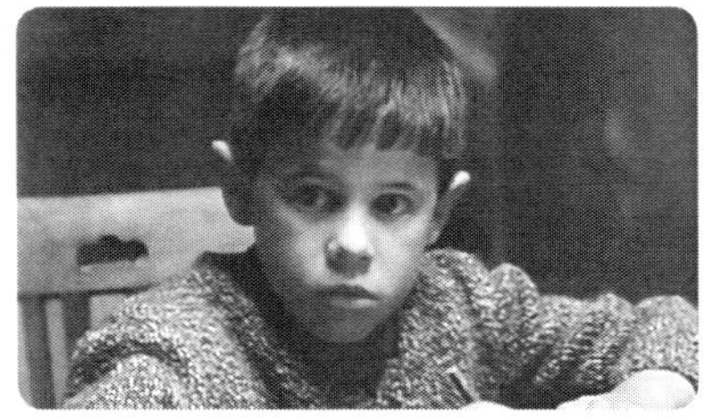

Montaje simbólico: ¿Qué significa la olla?

Montaje descriptivo: El día de la República es una fiesta popular.

M 7: «Dios no mata» - la técnica del fundido (Esc. 9, 0:17:02)

Las escenas 9 y 10 (sec. 2/3, min. 17:02) se unen mediante la técnica del **fundido** (la desaparición paulatina de una secuencia o imagen y la aparición de otra, en alemán: «*Überblendung*»).

1) **Describe el efecto que produce este tipo de cambio entre las imágenes y las escenas.**

2) **Explica la relación que se establece entre las escenas 9 y 10, mirando detenidamente los lugares, los personajes y lo que dicen, los temas generales, etc.**

3) **Expón de qué manera la frase «Dios no mata» podría incluir un comentario acerca del final de la película.**

«Dios no mata.» En la cocina (Esc. 9)

Salida de la misa dominical (Esc. 10)

M 8: «¡Rojo! ¡Espiritrompa!» Análisis de la última secuencia (Esc. 49, 1:23:43-1:28:58)

Nuestra manera de entender una película depende de los recursos fílmicos que se utilizan. Mediante la perspectiva de la cámara, el uso de la luz, de colores o de la música se expresan acciones y pensamientos de los personajes.

En la última secuencia de *La lengua de las mariposas*, se emplean diferentes recursos fílmicos para presentar la acción. Vamos a estudiar el efecto que generan estos elementos fílmicos.

1) **Mirad en grupos la secuencia varias veces detenidamente. Haced un protocolo de la esc. 49 (toma por toma) → cf. M 11.**

2) **Describid los recursos fílmicos usados (si no hay protocolo):**
   A) plano y perspectiva
   B) el montaje de las imágenes y el movimiento de la cámara
   C) el escenario (luz, colores, ropa, decorado, ...)
   D) el uso del sonido y la música

3) **Analizad el significado de estos recursos para caracterizar a los personajes y la situación: Moncho, Andrés, sus padres, Don Gregorio, ...**

4) **Comentad el efecto que tienen estos recursos en los espectadores.**

a) **Planos y perspectiva de cámara**

1

plano/perspectiva: ____________________

____

significado: ____________________

____

2

plano/perspectiva: ____________________

____

significado: ____________________

____

plano/perspectiva: ______________________
____

significado: __________________________
____

plano/perspectiva: ______________________
____

significado: __________________________
____

b) El montaje de las imágenes y el movimiento de la cámara
Describe el movimiento de la cámara y el tipo de montaje.
¿Qué efecto se produce y qué pensamientos se transmiten?

c) El escenario
Describe el escenario de la secuencia: la luz empleada, los colores, el ambiente, los personajes. ¿Qué atmósfera se expresa?

d) El sonido y la música
Describe el uso del sonido / la música. ¿En qué momentos escuchas música? ¿Qué efecto se produce?

M 9: Vocabulario para hablar del lenguaje fílmico

<table>
<tr><th colspan="3">Para describir los planos/movimientos de la cámara</th></tr>
<tr><td>Al comienzo, principio
En medio
Al final de la secuencia</td><td colspan="2">se puede(n) ver/observar/escuchar/percibir
se destaca
la escena muestra</td></tr>
<tr><td rowspan="2">La secuencia</td><td colspan="2">contiene / consta de / tiene lugar en</td></tr>
<tr><td>empieza / termina</td><td>con una toma en la que se ve ...
con una toma que muestra ...</td></tr>
<tr><td>El director /
La directora</td><td>usa
hace uso de
emplea</td><td>un plano detalle/corto/... panorámico
un plano contrapicado/normal/picado/...
una panorámica horizontal / vertical
un zoom in / zoom out</td></tr>
<tr><td rowspan="2">La cámara</td><td>se acerca / se aleja</td><td>rápidamente / lentamente</td></tr>
<tr><td colspan="2">enfoca a</td></tr>
</table>

<table>
<tr><th colspan="2">Para describir los sonidos / la música / la luz</th></tr>
<tr><td>Hay</td><td>mucha luz / poca luz</td></tr>
<tr><td colspan="2">En el fondo se oye ...</td></tr>
</table>

<table>
<tr><th colspan="3">Para hablar sobre la función / el efecto de un recurso cinematográfico</th></tr>
<tr><td colspan="3">En nuestro grupo nos ha llamado la atención (que) ...</td></tr>
<tr><td rowspan="3">En esta toma el plano sirve para

En la primera / última /... toma el plano sirve para ...

La perspectiva de la cámara</td><td colspan="2">introducir la secuencia
dar una idea general de
crear suspense / un ambiente
aumentar la tensión</td></tr>
<tr><td>que el espectador</td><td>pueda comprender ...
espere que ...</td></tr>
<tr><td>subraya
expresa,
transmite, refleja
le comunica al espectador</td><td>la idea de que ...
los sentimientos de ...
un significado específico</td></tr>
<tr><td>El montaje
La toma
El plano</td><td colspan="2">significa que
muestra que
indica que</td></tr>
<tr><td>La escena provoca</td><td colspan="2">tensión</td></tr>
<tr><td colspan="3">Por el ángulo de la cámara el espectador ...</td></tr>
<tr><td>La música
Los sonidos</td><td>dramatiza/n crea/n
subraya/n expresa/n
refuerza/n acentúa/n

crea una atmósfera, un sentimiento de</td><td>suspense melancolía
tristeza alegría
pánico disgusto</td></tr>
</table>

M 10: Análisis fílmico - el baño (Esc. 40, 1:11:45-1:14:34)

Analizad en grupo los recursos cinematográficos de la escena 40.

Grupo 1: Min. 1:11:45 - 1:12:43

Grupo 2: Min. 1:12:43 - 1:13:36

Grupo 3: Min. 1:13:36 - 1:14:34

1) Mirad cada escena varias veces y haced un protocolo de las tomas con su duración, el uso de la cámara, de la luz y del sonido, cf. M 11.
2) Discutid en vuestro grupo los efectos de los recursos cinematográficos, explicando su función para la escena y, quizás, la película completa.
3) Presentad vuestros resultados en clase. Podéis utilizar el vocabulario de ayuda.

M 11: El protocolo de una secuencia / escena

Toma Nr.	Tiempo	Contenido y acción	Cámara: Plano, ángulo, movimiento	Escenario: Luz, colores	Sonido, música	Comentario: Efectos, símbolos, significados

M 12: «Justicia por navidad» - hacer memoria

«Piden que se haga justicia» - una campaña del año 2016

https://www.es.amnesty.org/justiciapornavidad/?pk_campaign=mailint&pk_kwd=20161123_JusticiaxNavidadG1 (20.12.2016)

Hacer memoria en España - un texto informativo

Durante la Guerra Civil y el Franquismo, ‹desparecieron› miles de personas de las que no se sabe nada más. Muchos fueron matados y enterrados en fosas comunes, como en «La lengua de las mariposas» probablemente sucederá con Don Gregorio y los otros detenidos.

Con la Ley de Amnistía de 1977, los crímenes políticos durante el franquismo tanto como los crímenes cometidos por autoridades franquistas quedaron absueltos. Esta ley queda en vigor hasta la actualidad, por lo que en España no es posible hacer juicio a posibles delincuentes franquistas.

En los años 2000 en adelante, se empezaron a buscar fosas comunes de muertos de la guerra y del franquismo. Con la Ley de Memoria de 2007, se creó una oficina para la investigación de las fosas. En 2011, con el gobierno conservador de Mariano Rajoy, se disolvió esta oficina.

Sin embargo, todavía quedan muchos casos sin resolver. Por ello, se hizo una denuncia ante la justicia argentina para investigar los crímenes cometidos bajo el franquismo. Para apoyar esta causa, la ONG Amnistía Internacional lanzó, en la Navidad de 2016, la campaña «Justicia por Navidad».

Vocabulario: la fosa común – *Massengrab*; ONG – Organización no gubernamental, *Nichtregierungsorganisation*

1) **Justicia por Navidad**

a) Mirad el vídeo de la campaña hasta el minuto 0.23 (la niña abre la puerta): Imaginad lo que ve la niña y el motivo de su reacción.

Lo que ve: ____

Por qué reacciona así: ____

____

b) Mirad el final del vídeo. Explicad el motivo y los objetivos de la campaña.

c) Leed el texto informativo y resumid las exigencias de esta campaña. (Usad el subjuntivo: La ONG quiere que ... Se exige / pide que ... Le parece importante que ...)

2) **Tres casos ejemplares (trabajo en grupo): Flor, Felisa, Antonio**

a) Formad tres grupos que se ocupan con una de las personas.
Primero, mirad cada uno el testimonio correspondiente.
Con ayuda del texto escrito, describid las exigencias del protagonista.
Después, intercambiad vuestras ideas con el grupo.

b) El gobierno español no hace nada, según la ONG. Informados de los motivos y explicadlos. por ejemplo:
http://www.infolibre.es/noticias/politica/2016/12/20/pp_psoe_ciudadanos_rechazan_excluir_ley_amnistia_los_torturadores_del_franquismo_58967_1012.html

c) Imagina que Moncho, hoy en día, también hace un video sobre Don Gregorio. Inventa su testimonio y un monólogo. Rueda la entrevista (con móvil).

3) **Opinión**

a) ¿El vídeo promocional te parece adecuado? Justifica tu opinión.

b) Después de conocer el tema, ¿te gustaría participar en la campaña? Prepara un comentario en el blog / en la página facebook para expresar tu opinión.

Material para Tarea 2

Antonio Nárvaez, sus padres estarían en una fosa común.

«El día 17 de julio de 1936 le pegaron un tiro por la espalda (a mi padre)... Mi hermano tenía 5 años y yo tenía 3, (...) y aún se permitieron el lujo de llevarse a mi madre y matarla.»

A Antonio le contaron que a su padre lo enterraron en una fosa común; y de su madre nunca volvió a saber nada.
El gobierno español nunca lo ha investigado y, por eso, Antonio decidió recurrir a la justicia argentina. En 2015, con 82 años, pudo por fin, por primera vez en su vida, contar su historia ante un juzgado.
Por el momento, no ha habido avances en el caso. Lo que sí que se sabe es que el gobierno español está bloqueando la investigación sobre otros casos y peticiones de exhumación de fosas comunes.
El caso de Antonio no es único. Se estima que miles de personas fueron víctimas de desaparición forzada durante la guerra civil y el franquismo, que aún están en fosas comunes de todo el territorio español. Personas que nunca volvieron a casa. Sus familias sólo piden justicia.

https://www.es.amnesty.org/justiciapornavidad/antonio-narvaez (20.12.2016)

Flor Díaz, la historia de un bebé robado.

«Yo doy por hecho que si no me pueden demostrar que mi hermano ha muerto, mi hermano no ha muerto. Y está desaparecido. Y tengo todo el derecho del mundo a buscar a mi hermano. Y el Estado español tiene la obligación de encontrarlo.»

En 1967, la madre de Flor entró sola en la clínica para dar a luz un niño, pero la durmieron justo antes de que naciera. Al despertar, le dijeron que su hijo había nacido muerto.
Desde entonces, Flor lucha para que se sepa la verdad y se haga justicia. Tiene una denuncia puesta en España, de la que no sabe nada, y su caso forma parte de la querella argentina.
En 2013, la juez argentina María Servini pidió interrogar al ginecólogo Abelardo García por su posible relación con el presunto robo del hermano de Flor. Pero el gobierno español está bloqueando la investigación.
El caso de Flor no es único. Miles de niños y niñas podrían haber sido objeto de secuestro, tráfico de menores y adopciones ilegales durante la guerra civil y el franquismo. Nunca volvieron a casa. Lo único que sus familias piden es justicia.

https://www.es.amnesty.org/justiciapornavidad/flor-diaz (20.12.2016)

Felisa Echegoyen, la historia de una mujer torturada.

«... allí ya empezaron los golpes y las amenazas ... y en comisaría también, más de lo mismo. Sobre todo Billy el Niño, que este era un sádico y además disfrutaba muchísimo pegando.»

El 8 de octubre de 1974, Felisa estaba en su casa cuando Juan Antonio González Pacheco, alias Billy el Niño, y cuatro inspectores de la Brigada Político Social tumbaron la puerta. Tenía 26 años y formaba parte de la Liga Comunista Revolucionaria. Buscaban detener a la dirección del comité local.

Durante su detención, los policías le dieron una paliza y la insultaron para que «cantara».

Desde entonces, Felisa lucha para que se sepa la verdad y se haga justicia. Su caso forma parte de la querella argentina.

En 2013, la juez argentina María Servini dictó una orden de extradición para interrogar a Billy el Niño por su posible relación con las torturas a Felisa. Pero el gobierno español está bloqueando la investigación.

El caso de Felisa no es único. Muchas personas fueron detenidas injustamente y torturadas durante el franquismo por su forma de pensar. Durante días, no volvieron a casa. Lo único que piden es justicia.

https://www.es.amnesty.org/justiciapornavidad/felisa-echegoyen (20.12.2016)

M 13: Habla el director

https://www.flickr.com/photos/cristinacifuentes/20848604854 (16.9.2015)

José Luis Cuerda (*Albacete, 1947) es uno de los directores más exitosos de España. Además de rodar películas, ha producido muchos largometrajes famosos, como p.ej. la obra de Alejandro Amenábar.

Varias de sus películas tratan de la Guerra Civil *(La lengua de las mariposas, Los girasoles ciegos)* y de Galicia *(El bosque animado)*, teniendo a menudo a niños como protagonistas. Su comedia *Amanece, que no es poco* (1988) constituye una de las películas de culto para los aficionados del cine español.

Desde el año 2012, se ha convertido además en un famoso tuitero (@cuerda1936) con más de 110 mil seguidores.

A) ¿Cómo rodar una película? Lee el siguiente testimonio de J.L. Cuerda.

«Si una imagen ya cuenta algo, ¿para qué añadirle palabras?»

Belinchón, Gregorio: «José Luis Cuerda: ‹Era una época de podredumbre moral›», El País, 23.3.2008 <http://elpais.com/diario/2008/08/23/babelia/1219448353_850215.html> (20.3.2017)

1) Expresa la idea de esta frase en tus propias palabras.
2) Elige tres ejemplos/escenas de la película que comprueben – o contradigan – esta idea de José Luis Cuerda.
3) En resumen, ¿te parece que en *La lengua de las mariposas* hay suficientes «palabras» (diálogo)? Justifica tu opinión mediante una «línea de opinión» (Meinungslinie).

B) ¿Cómo hablar del pasado?

a) «No estoy de acuerdo con esa línea de pensamiento de que todos fueron derrotados. No, señor, unos lo fueron más que otros, y pasados por las armas. Creo que de lo único que puedes sentirte orgulloso es del pasado de cada uno. Y en España hay sectores que hablan de olvidarlo. Pues no existe pretensión más estúpida que negar el pasado. En España hemos vivido una desinformación sistemática. Pero se ha acabado el plazo. [...]»

Belinchón (2008)

b) «Yo de entraba pienso que lo único que somos los seres humanos es pasado. El presente es un frágil encapsulamiento del pasado, pero lo que somos ahora mismo es una acumulación de hechos, de experiencias y conocimientos que cristalizan en el pasado. Los que no quieren en España que se hable del pasado es porque no quieren que se conozca lo que hicieron en el pasado, no hay otra. A estas alturas saben que hicieron mal, yo creo que en ese entonces también lo sabían, pero no les importaba. [...]»

Kinetoscopio: «Entrevista con José Luis Cuerda», cinéfagos.net, sin fecha http://www.cinefagos.net/paradigm/index.php/otros-textos/artlos-y-ensayos-mainmenu

1) Pon un título adecuado a cada una de las citas.
   Resume la opinión de José Luis Cuerda sobre la Guerra Civil y los diferentes bandos políticos.
2) Explica cómo esta opinión se muestra en *La lengua de las mariposas.*
3) El director piensa que hoy en día es importante recordar el pasado para aprender para el presente. Critica que otros no quieran hablar del pasado y prefieran olvidarlo. ¿Cuál es tu opinión al respeto? Justifica tus ideas, pensando en el caso de España, pero también en otros países como Alemania.
4) José Luis Cuerda hoy en día es muy famoso por sus tuits. Intenta resumir su posición en un tuit de 280 signos. Después, crea tu propia opinión en otro tuit.

C) Hablar de temas universales

Según José Luis Cuerda, la Guerra Civil española solo es un ejemplo para hablar de temas que podrían trasladarse también a otros países y otros tiempos:

«La conclusión sería que, por si acaso, nadie tiene derecho a poner a nadie en el dilema de tener que elegir entre su propia vida y la vida de sus familiares y amigos [o entre su vida, la de sus familiares y amigos,] y la defensa de las convicciones de uno, de sus sentimientos o de su autoestima. De eso, entre otros muchos asuntos, quiero creer que habla *La lengua de las mariposas.*»

Cuerda, José Luis (1999): La lengua de las mariposas. Diario de un rodaje. El Cultural, 3.10.1999. http://www.elcultural.com/revista/cine/La-lengua-de-las-mariposas/14568

1) Explica el «dilema» mencionado en tus propias palabras, refiriéndote también a los ejemplos de la película.
2) Discute, con tu compañero/a, qué «otros asuntos» se plantean en la película.
3) Imagina otras situaciones, históricas o actuales, en las cuales se podrían plantear estas cuestiones. Escribe un borrador.

M 14: La recepción - tu opinión

Este es el cartel español de la película, que también figura en la carátula del DVD.

1) **Describe la imagen y el efecto producido.**

2) **El motivo del cartel no se utiliza así en la película. Compara el motivo del cartel con la última toma de la película (a la derecha). Explica de qué manera se produce otra impresión y otra interpretación.**

3) **Juzga si el motivo del cartel oficial te parece una buena elección, o si hubieras elegido otra toma de la película - y ¿cuál?**

4) **Cread en grupo vuestro propio cartel.**

Lösungsvorschläge

KV 3: La escuela

Un edificio viejo, con aspecto del pasado / Unos alumnos llevan ropa buena, elegante = parecen ricos / Otros alumnos llevan ropa normal, boinas / No hay mucha decoración en la clase / En la puerta se puede ver que solo es una escuela para niños / En la clase hay una bandera que no tiene los colores de la bandera actual de España = es la bandera de la Segunda República / En Alemania normalmente no hay una bandera en las clases, se da clase a niñas y niños juntos, no se lleva uniforme escolar

KV 4: Caracterización de Moncho

Parece tímido y un poco miedoso porque hace manitas con el profesor / Se siente solo sin su madre, está mirando atrás / En la clase busca un sitio al lado de otro alumno / Tiene que presentarse pero está muy nervioso, por eso no puede hablar adecuadamente / El profesor quiere que venga a su mesa – parece que Moncho tiene miedo de que lo pegue

KV 6: La escuela en la Segunda República Española

1: Antes, la escuela era controlada por la Iglesia y la enseñanza no permitía la libertad del alumno (coros monótonos, clases aisladas del mundo). La escuela de la República: tenía que estar libre de la influencia de la Iglesia = ser del Estado / ser gratuita = estar abierta para todos / tener un carácter activo y creador y un carácter social sin diferenciación de sexo = había espacio para la creatividad de los alumnos

2: Para vivir como una persona libre hay que aprender a expresar su propia voluntad, a actuar con libertad. Para ello, en la escuela republicana, los alumnos deben ser libres de la influencia religiosa (l. 16), pueden ser activos y creativos en clase (l. 29), forman parte de la sociedad en su alrededor (l. 30-32), aprenden a hablar y discutir libremente en clase (l. 39).

KV 9: Mapa mental

Objetivos de la Segunda República: reforma agraria, ayudar a los campesinos y quitar terreno a los grandes terratenientes; reforma educativa, crear muchas escuelas nuevas y laicas (para profundizar, se podrían añadir más objetivos: la emancipación femenina – derecho de votar, divorcio, etc.; la organización democrática del Estado; mejoras sociales y laborales; más derechos para las autonomías; reforma militar).
Problemas y conflictos durante la Segunda República: los ricos, la aristocracia y la Iglesia no aceptaban las reformas (12-14); había grupos revolucionarios de izquierda que querían reformas más radicales y atacaban iglesias (16-18); grupos de derecha cometían acciones violentas (18-20).
Partidarios a favor y en contra: a favor de la Republica: partidos republicanos y socialistas, sindicatos, nacionalismos = el Frente Popular → el bando republicano; en contra: partidos monarquistas, conservadores, fascistas, la Iglesia, la burguesía industrial, los aristócratas, gran parte de los militares → el bando nacional.
La Guerra Civil: golpe de estado de algunos generales bajo Franco, 18.7.1936; guerra de tres años; ayuda para los Nacionales: los gobiernos fascistas de la Alemania nazi,

de Italia y Portugal. Ayuda para los Republicanos: la URSS y las Brigadas Internacionales; fin de la guerra el 1 de abril de 1939, victoria de Franco y dictadura franquista, ejecuciones de unas 30 mil personas.

KV 10: «Un señor que manda mucho» - caracterización

1) Texto individual - el señor a la izquierda lleva ropa elegante, podría ser una persona rica, un político, ...
2) alcalde - señorito - maestro
3) alcalde - maestro - señorito
4) a) ropa: sombrero, abrigo; tiene una criada; entra sin esperar; habla con energía, quiere mandar y corromper al maestro
   b) es una persona sin mucho respeto, tiene poder, está acostumbrado a que todos le obedecen; por la ropa y la luz, es una persona 'oscura' = peligrosa, sospechosa, no simpática
5) adecuada - no hay que corromper a un maestro; un maestro debe mantenerse libre de influencias externas / inadecuada - es peligroso entrar en conflicto con la persona más poderosa; D.G. utiliza una mentira poco creíble; el hijo de Don Avelino va a sufrir por ello
6) Texto individual.

KV 11: Análisis fílmico - la cámara: planos, ángulos, movimientos

B) Ángulo cenital - normal - picado - nadir - contrapicado
C) Esc. 24: El paneo sigue el paso de Moncho, mostrando su contento y su orgullo al llevar el traje al maestro.
   Esc. 5: El travelín acompaña a Moncho en su huida por el mercado del pueblo. El chico parece algo perdido en este ambiente de los adultos; por otro lado, el travelín sirve a dar una visión más compleja de la vida del pueblo.

KV 12: Análisis fílmico: El domingo de misa

a) Plano total, ángulo normal - muchas personas en negro por todas partes - da una impresión general del domingo
b) Plano medio, ángulo contrapicado - Moncho enfrente de / en medio del maestro y del padre - Moncho se encuentra entre dos autoridades educativas, ambas enfrentadas entre sí: la Iglesia católica y la escuela republicana
c) Plano medio, ángulo contrapicado - tres mujeres, Moncho enfrente - Rosa está defendiendo a la República, está rodeada por ambas partes (como la República), Moncho está expuesto a los acontecimientos como espectador
d) Plano medio corto, ángulo picado - Aurora se está acercando a Moncho - la amistad con Aurora va a alejar a Moncho del mundo de los adultos, es más importante para él; la cámara adapta la perspectiva de un adulto, estamos mirando a Moncho como adultos

KV 13: Contra la República - alusiones históricas

Aviso: La página web citada da, en su totalidad, una versión parcial de los hechos de 1931-1936 sin citar fuentes; el fragmento elegido, no obstante, nos parece apto para el uso escolar.

1. Don Avelino, el cura y el guardia representan a tres grupos que luchaban contra la República: los terratenientes, la Iglesia, la Guardia Civil.
2. Texto individual, por ejemplo: Es una idea muy violenta, muestra el odio de la oposición, no hay solución pacífica.
3. Don Avelino es un personaje muy negativo y opuesto al maestro. Puede servir para mostrar a los enemigos de la República y para ilustrar mejor el contexto político, las diferencias sociales, la violencia, etc.

KV 14: La relación entre Moncho y Don Gregorio
La relación entre los dos es abierta y amistosa, de una manera muy respetuosa. Es más una relación entre amigos porque hacen también muchas cosas fuera del colegio. Don Gregorio también es como un abuelo bonachón para Moncho.

KV 15: «¡A volar!» - Esc. 38
1. Se celebra la jubilación de Don Gregorio.
2. Está seguro de que los españoles van a vivir en libertad.
3. El lobo es un animal peligroso para el cordero y nunca pueden vivir juntos en paz, porque el lobo siempre va a poner en peligro al cordero. En relación con los dos bandos se puede decir que los Republicanos (corderos) nunca pueden convivir con los Nacionales (lobos), porque los Nacionales ponen en peligro el país y las estructuras del Estado.
4. Don Gregorio termina su carrera profesional después de hacer todo lo posible para educar a los niños. Ahora los niños van a entrar en la vida real para ver las maravillas del mundo. Es una comparación: Son como las mariposas que empiezan a volar después de su transformación (cf. esc. 40). Son como pájaros que abandonan el nido familiar (cf. esc. 10).
5. Don Avelino es una persona rica en el pueblo, que simpatiza con los Nacionales, por lo que no aguanta más el discurso de Don Gregorio que simpatiza con los Republicanos. El discurso es una provocación para los Nacionales.

KV 16: Análisis fílmico - el fin de curso
1) descripción de planos - cambio entre planos generales, americanos (los republicanos: alcalde, maestro), medios (Don Avelino, el cura y el Guardia) y medio cortos / primeros planos (Don Gregorio).
2) el montaje enfrenta a las posiciones políticas: mediante el plano medio, muestra las reacciones negativas de los enemigos de la República; mediante el cambio del plano americano al plano medio corto / primer plano, se subrayan determinadas frases de Don Gregorio

KV 17: En la taberna - estalla la violencia
1 a) un país puede vivir en monarquía o en república, en sistema parlamentario o en sistema presidencial, en sovietismo o fascismo, no puede vivir en anarquía, hoy España asiste a los funerales de la democracia
b) estado viable - estado estéril - estado fascista
c) le parece imposible gobernar España con la Constitución Republicana.

2) Ambos son políticos conservadores y enemigos de la República y mencionan el fascismo. Gil Robles habla de la muerte de la democracia («funerales»). Mientras que acusa a la República de ello («anarquía»), es él quien anuncia precisamente una posible guerra. Calvo Sotelo habla abiertamente del fascismo como posibilidad, es decir, de un estado totalitario, no-democrático, sin libertades para los ciudadanos.
3) texto individual, por ejemplo: ha bebido demasiado / le caen mal las palabras de los fascistas / está preocupado por la República y por sí mismo
4) la violencia de O'Lis anticipa la violencia de los fascistas; es el vínculo entre las amenazas de golpe en el parlamento y el golpe real

KV 18: Moncho - entre amistad y traición

1) Personajes: Republicanos (Ramón, Don Gregorio, Roque, el acordeonista, el alcalde, ...), Nacionales (el cura, Don Avelino y su familia, soldados, falangistas), desconocido (Moncho, Andrés, Rosa)
2) Rosa quiere proteger a su familia, porque Ramón también es republicano. Por eso quiere que ellos también griten, para que todos puedan ver que están en contra de los republicanos.

Moncho también insulta a los republicanos de una manera desolada. Sin embargo, al final sus gritos son diferentes de los otros: él repite las palabras aprendidas en clase: espiritrompa, tilonorrinco. --> Estas palabras unen a Moncho con su maestro y simbolizan la amistad entre los dos. Solo Don Gregorio puede entender el significado, mientras que la gente ve que Moncho está gritando tal como se lo había pedido Rosa. --> Moncho ayuda a su familia y al mismo tiempo parece mantener su amistad con Don Gregorio - y con los ideales de la República.

M 1: Motivos y símbolos - la manzana en la huerta

1) a) La luz clara, soleada, y los colores amarillos y verdes dan un tono ameno, ca racterístico de las excursiones a la naturaleza. El sonido: después de un tema melancólico, que expresa el impacto del entierro en Moncho, se escucha el ruido de los insectos como señal de la naturaleza viva. Cf. M 5.3
   b) Volviendo del entierro, Moncho pregunta por la posibilidad de una vida después de la muerte. Le confiesa a Don Gregorio su miedo a la muerte y al infierno. Don Gregorio le explica que no hay infierno en el Más Allá, sino solo un infierno terrenal producido por el odio entre los seres humanos. De este modo, contradice a las convicciones religiosas de Rosa.
2) La huerta de Don Gregorio es como un paraíso con frutas y naturaleza. Como Eva a Adán, Don Gregorio le da de comer una manzana a Moncho. / La huerta de Don Gregorio asemeja el jardín Edén, lo que corrobora el símbolo de la manzana y el tema de la conversación.
   Primero, la manzana significa/denota algo rico y natural, un elemento de la naturaleza, un elemento más de las clases de Don Gregorio. Segundo, connota el aprendizaje de Moncho y la «sabiduría», tal como pasó con Adán y Eva: él va a perder el miedo al infierno y a la Religión en general.
3) Según la doctrina católica, el contacto sexual antes del matrimonio es un pecado. En el caso de Ramon, Carmiña es la hija de una relación pre-matrimonial. La

manzana que está comiendo Ramón cuando llega Carmiña recuerda la idea de «pecado».

M 3: Análisis fílmico – la puesta en escena

A 1) La imagen está dividida: A la derecha, un plano corto de Don Gregorio y a la izquierda, un plano entero de los habitantes del pueblo (profundidad del campo). La toma por la espalda de Don Gregorio invita a la identificación con el maestro.
2) Se subraya el contraste entre la víctima, que ha quedado fiel a sus ideales, y los otros, entre ellos la familia de Moncho, que ahora están obedeciendo a los franquistas. El traje de Don Gregorio, un regalo de Ramón, simboliza el republicanismo de ambos y representa la traición o la mala conciencia de Ramón.

B 1) Se ve a Moncho y Antonio en plano medio, mirando hacia la izquierda (por donde pasa la moto de los franquistas). En los extremos de la imagen, hay dos troncos de árbol. Al fondo, vemos la torre de la Iglesia del pueblo.
2) La torre simboliza el poder de la Iglesia católica. El cura del pueblo colabora con los franquistas. La imagen insinúa que, en el futuro, los jóvenes serán educados otra vez bajo el mandato de la Iglesia.

C) Texto individual, por ejemplo: Se muestran dos acciones paralelas en una misma toma. Mientras Don Gregorio está mirando su traje en el espejo, Moncho está mirando la foto de la mujer del maestro. Mientras que se establece un vínculo a través del paralelismo, la cortina en el centro de la imagen también divide a las dos esferas: a Moncho le pertenece el futuro, a Don Gregorio pronto le espera la muerte.

M 4: El ataque de asma – analizar la composición de una imagen

1) La liebre está agarrada por las orejas, Moncho le está mirando a los ojos = se identifica con el animal, quizás se siente «cogido» por la escuela
2) La bandera republicana se ve al fondo de la imagen, entre Moncho y la liebre. En este sentido, la imagen contiene una prolepsis, una alusión al final de la película. Como Moncho, la República apenas puede respirar, está acorrolada por sus enemigos. Como la liebre, la libertad del país está en juego. La República va a ser la víctima de la violencia.
3) Texto individual, por ejemplo: «¡Qué susto! Me falta el aire, me siento muy mal. Creo que voy a morir como este animal. ¡No quiero volver jamás a la escuela! Seguro que me van a pegar.»

M 5: Análisis fílmico – la iluminación

1) texto individual, por ejemplo: blanco = limpio, inocente; negro = oscuro, peligro, oculto, triste; rojo = amor, pasión, sangre; azul = fidelidad, agua; verde = esperanza, naturaleza
2) 1 – Don Avelino vestido de negro, en la penumbra; solo se ve parte de su cara, se esconde parte de la cara --> un hombre sospechoso, de planes oscuros, 2 – Rosa con luz de frente, en contrapicado --> la visión de Moncho sobre su madre, un ser positivo, 3 – Don Gregorio en traje de domingo a contraluz, sol, sombrero de paja, los chicos alzando la mirada --> situación agradable, se subraya la autoridad del

maestro, los chicos serán «iluminados» = aprenden cosas importantes, 4 - plano entero, de noche, bar oscuro = un momento lúgubre, difícil para la República, 5 - Ramón está en la sombra/penumbra, sentado - la sombra muestra la situación: derrota política y personal = estar en la sombra, ser derrotado/vencido --> la oscuridad alude a la traición a las ideas políticas, 6 - la luz enfoca a Don Gregorio y Rosa a primer plano, Ramón está al fondo en la penumbra --> protagonismo en la escena, pero también en la vida de Moncho, el papel fuerte de Rosa frente a Ramón / la imagen está dividida en medio por una columna --> separa las dos esferas de ella (católica) y de él (republicano), 7 - el contraste de blanco y negro subraya la caracterización --> la mujer inocente, el hombre amenazador / la bella y la bestia, 8 - la luz enfoca a la mujer al fondo de la imagen y roza a Andrés --> los pensamientos del chico giran en torno a ella

3) la huerta: un tema musical introduce la escena; es de día: luces claros y soleados dan una atmósfera serena; los protagonistas se muestran en planos generales y enteros, en medio de la naturaleza y el ambiente rural gallego (representado por los hórreos); la conversación está filmada en plano-contraplano y planos cortos, lo que nos acerca más a los personajes; la manzana alude al paraíso bíblico y a la vez al desengaño religioso de Moncho, quien escucha de que el infierno no existe.
   el bar: el zoom atrás por la barra subraya la importancia de las palabras del locutor y el efecto acústico: se esparcen por la sala; es de noche: los tonos oscuros, intensificados por los repetidos planos americanos de los clientes vestidos de negro, corresponden a la gravedad del momento político y los pensamientos de los presentes; no hay música - se escucha la voz de la radio como único sonido.

M 6: Análisis fílmico - el montaje de las imágenes

La olla hirviente muestra a primer nivel un elemento narrativo: la comida está preparándose. Además, la olla y el humo incluyen una asociación al demonio, ya que en la imagen siguiente Moncho habla de ello. A nivel simbólico, una olla hirviente es una imagen frecuente para una inquietud política, por lo que se puede relacionar con la situación de la República poco antes del golpe. Además, se podría ver una alusión a la parábola de la olla hirviente del Antiguo Testamento en la cual se habla de la destrucción de Jerusalén (Ezequiel 24).

M 7: «Dios no mata» - la técnica del fundido

1) El cambio entre dos escenas se hace más suave. De este modo, las escenas se relacionan más estrechamente entre sí.
2) La palabra «Dios» alude a la misa de la que salen los personajes de la esc. 10. La frase «Dios no mata» contradice las palabras de Don Avelino quien sí aboga por «darle fuego» a la República. Por lo demás, la conversación entre Rosa y Moncho versa sobre las creencias de Don Gregorio y de Moncho, un tema que vuelve en la esc. 10 entre el cura y el maestro.
3) Es una frase irónica, porque al final de la película vemos al cura colaborar con los soldados que van a fusilar a los republicanos. Subraya la culpa de la Iglesia y que no está obrando en nombre de Dios.

M 8: «¡Rojo! ¡Espiritrompa!» - análisis de la última secuencia

1) Protocolo de secuencia, véase el anexo.

2/3)

A)a) Plano general, picado – significado: introducción al ambiente, mostrar que todo el pueblo está en la plaza; b) PM/PA de Don Avelino y diferentes personajes, montaje alternante/plano-contraplano entre Don Avelino y Rosa, normal – significado: se destaca la presencia y el poder del terrateniente, que está observando a la gente; c) PP de Andrés, normal - énfasis dramática en el momento de espanto y de dolor, al ver su amigo, el acordeonista entre los detenidos; d) PM del acordeonista, normal – contraste entre el detenido y la multitud.

En general, se usan planos medios/americanos para señalar e identificar mejor el comportamiento de distintos personajes y cortos para mostrar los sentimientos

B) Travelín siguiendo a Don Gregorio, travelín hacia atrás; después plano-contraplano entre Don Gregorio y Ramón/Moncho --> cambio entre las perspectivas diferentes – significado: se expresa la soledad de Don Gregorio frente a la gente, se hace patente la traición de Ramón en el intercambio de miradas. Plano – contraplano de Don Gregorio y Moncho: en combinación con los planos medios cortos / primeros planos, se muestran el intercambio de miradas de Moncho y Don Gregorio y sus reacciones correspondientes. El collar al lado de la cabeza de Moncho podría aludir a la muerte de Don Gregorio.

C) El escenario – se usa mucho color negro en la ropa de la gente, el único color es el azul de las camisas de los falangistas. La plaza es un espacio cerrado, acordonado por los soldados.

D) El único sonido – al comienzo de la escena y en la clímax en la plaza – son las campanadas de la Iglesia: se subraya el silencio; significa el espanto de la gente, el peligro amenazante; además simboliza el nuevo poder de la Iglesia bajo Franco y su colaboración en los masacres; la música empieza en el momento cuando sale Don Gregorio del apartamiento (1:26:23) y se extiende hasta el final con la imagen 'enfriada' de Moncho; se emplea el tema de Moncho (el clarinete)

4) Texto individual, por ejemplo: se crea una identificación intensa con los protagonistas, al mismo tiempo que crece el dramatismo de la escena.

M 10: Análisis fílmico – el baño

1) Protocolo de secuencia, véase el anexo.
2) Describir y analizar el efecto de los recursos utilizados, por ejemplo:

a) PM/PA/normal para mostrar la relación entre maestro y alumno; PC/PD para mostrar la caza de las mariposas y los insectos; paneo para mostrar la caza; tema musical de Moncho: el clarinete

análisis: la escapada de Moncho parece el vuelo de la mariposa; su cambio de intereses anuncia de cierta manera también su paulatino alejamiento de Don Gregorio

b) PE para mostrar a las niñas, PM para mostrar a Moncho bajando al agua; después PM/PA para centrar la atención en Aurora y su desafío de Moncho; PG/PE

de Moncho y Don Gregorio que muestra el ambiente idílico, después PC en la conversación, PA para mostrar movimientos
plano-contraplano entre Moncho y las niñas (en picado/contrapicado para imitar las perspectivas correspondientes); plano-contraplano entre Moncho y Don Gregorio (picado hacia Moncho, por la espalda contrapicado hacia Don Gregorio)
tema musical lírico de flauta para acompañar a Moncho y las niñas, sin música en la conversación entre Moncho y Don Gregorio
análisis: La música introduce un nuevo tema: la relación con las chicas. La cámara construye una especie de duelo entre Aurora y Moncho, un desafío. A nivel de narración, los consejos de Don Gregorio muestran – en tono irónico - la utilidad de sus clases para la vida real. Cuando empieza a bajar al agua, Moncho sale de la esfera de Don Gregorio para entrar en la esfera de las chicas, en la juventud.

c) PE/PA niñas-Moncho, después PE de Moncho bajando al agua, PG de la escena, después PA/contrapicado de Don Gregorio saliendo del lugar, PA/normal de Moncho y Aurora, PC de Moncho y Aurora con el flor, PP para mostrar el beso, ritmo acelerado de cortes, después PA/PC de Moncho, PA/PC de Don Gregorio;
tema musical de orquesta para aumentar el efecto
análisis: Aurora cubre su desnudez, le da un beso a Moncho → incipiente pubertad, pérdida de la inocencia (cf. Moncho y la manzana esc. 30); el agua como iniciación en una nueva etapa de madurez; Don Gregorio deja volar a la mariposa → Moncho va descubriendo la vida por sí solo (cf. la imagen del pájaro, esc. 10 y esc. 39)

M 11: El protocolo de una secuencia / escena

Véase el anexo.

M 12: «Justicia por navidad» - hacer memoria

1 a) Solución individual. Lo que espera: a su madre.
b) Se quiere recordar la ausencia de las víctimas de la Guerra Civil y del Franquismo y la impunidad de los responsables.
c) La campaña «Justicia por Navidad» pide que se condenen los crímenes cometidos por el Franquismo. Se exige recompensar así a los familiares de los víctimas.

2) a) Antonio quiere saber dónde está enterrado su padre. Fue fusilado por los franquistas durante la guerra civil. Él exige una investigación por parte del estado español.
Flor pide aclarar el caso de su hermano. Está convencida de que no haya muerto en la clínica, sino que fue robado a su madre por los franquistas.
Felisa fue detenida y torturada por la policía franquista. Exige que se investigue el caso y se juzgue a los culpables.
b) En el texto citado se resume por qué la mayoría del Congreso rechaza una condena a los crímenes del franquismo: va en contra de la Constitución (PP), es importante mirar hacia delante y no abrir las heridas del pasado (Ciudadanos). El PSOE tampoco apoyó la propuesta, aunque está a favor de la Ley de Memoria Histórica.

Para el uso de otras fuentes, hay que cuidar la pluralidad de informaciones.

c) Creación individual. Se podría preparar el vocabulario correspondiente a través de los tres ejemplos.

3) a) Texto individual, por ejemplo: exager ado/inadecuado, porque no se puede comparar la actualidad con el pasado; muy logrado/adecuado, porque se muestra la tristeza de estar solo. Además, es un efecto de sorpresa que llama la atención al espectador.

b) Texto individual, por ejemplo: Estimados señores, (no) me gustaría formar parte de su campaña. En mi opinión, hay que hacer memoria para aprender del pasado. Además, las víctimas del Franquismo no deben ser olvidados. Es una vergüenza que no se hayan aclarado los destinos de tantas personas desaparecidas o maltratadas. // Yo pienso que el pasado es el pasado y que hay que mirar hacia adelante. España ya no es una dictadura y tenemos leyes democráticas. Es importante ayudar a las familias de personas desaparecidas, pero es exagerado organizar una gran campaña que solamente contribuye a la discordia.

M 13: Habla el director

A 1) A veces es suficiente ver las imágenes para entender una película. Las imágenes y la cámara son el verdadero lenguaje de una película.

2) Ejemplos que comprueban esta idea: el entierro de la madre de Carmiña, la huida de Moncho el primer día de escuela, el solo de saxo en la fiesta de San Lombás, la secuencia final con los detenidos.
Ejemplos que contradicen la idea: faltan muchas informaciones sobre la situación política (la verbena en el bosque, las informaciones de la radio, ...) - hay que saber mucho para comprender estas escenas.
Como alternativa, se podría indicar de antemano una escena: Elegid de la última escena tres planos que comprueben ...

3) Texto individual.

B 1) Títulos individuales / En la primera cita, José Luis Cuerda critica que los vencedores de la Guerra hayan pretendido olvidar el pasado. Para ellos no hubo una guerra.
En la segunda cita, el director insiste en la necesidad de hacer memoria y de aprender del pasado. Él cree que el deseo de alguna gente de olvidar la guerra proviene de un sentimiento de culpa.

2) En *La lengua de las mariposas*, los republicanos son personajes más simpáticos, sobre todo Don Gregorio, mientras que los franquistas como Don Avelino son muy antipáticos. Para Moncho, la escuela republicana es una experiencia importante que parece interesante también para nuestro tiempo; en cambio, las creencias religiosas parecen algo anticuadas y pasadas de moda. El final de la película produce un choque brutal que muestra toda la crueldad del franquismo; por otra parte, de la República no se conoce ningún acto violento.

3) Texto individual.

4) Texto individual, por ejemplo: «Hay que recordar a los vencidos de la guerra. Los franquistas querían eliminar la memoria, pero es necesario aprender del pasado.»

C 1) Texto individual, por ejemplo: Hay que decidir entre las propias convicciones políticas y amistades, por un lado, y la seguridad personal / decidir entre la solidaridad con los demás y los intereses propios/egoistas. En la película, Ramón debe renegar a sus ideales republicanos (símbolo: echa al suelo el periódico «El Ideal») para sobrevivir y para seguir manteniendo a su familia / En otras palabras: ¿Cómo es posible no traicionar a sus propios ideales y sobrevivir en momentos extremos?

2) «Otros asuntos», por ejemplo: la escuela y la enseñanza ideal, las posiciones políticas durante la República, Galicia por aquel entonces, el aprendizaje del amor / de la amistad, la responsabilidad de la Iglesia y el papel de la religión en la sociedad española, etc.

3) Texto individual. Se podría aludir a ejemplos históricos como la resistencia de los hermanos Scholl contra el nacionalsocialismo, o la pregunta de colaborar o no con los servicios de seguridad en la RDA. Se podrían traer a colación también casos menos extremos para ilustrar el dilema de lealtad y traición a los ideales.

M 14: La recepción - tu opinión

1) Se ve a Moncho con una piedra en la mano y una mímica muy agresiva. La imagen se refiere a la última escena de la película cuando los chicos persiguen el camión de los detenidos. En esta imagen, Moncho realmente parece enfurecido y enojado con Don Gregorio.
2) En comparación con el cartel, en la toma de la película Moncho parece menos agresivo y más pensativo. Casi parece triste y a punto de llorar. De esta manera, se produce la impresión de que está triste o por lo menos inseguro al ver partir a Don Gregorio.
3) Texto individual - por ejemplo: no me parece una buena elección porque no representa la versión fílmica / porque Moncho parece más agresivo que en la versión final de la película // me parece una buena elección porque muestra el choque al final de la película cuando la familia de Moncho y otras personas traicionan a la República. Es un momento muy intenso para el público y esto queda reflejado en el cartel.
4) Creación individual.

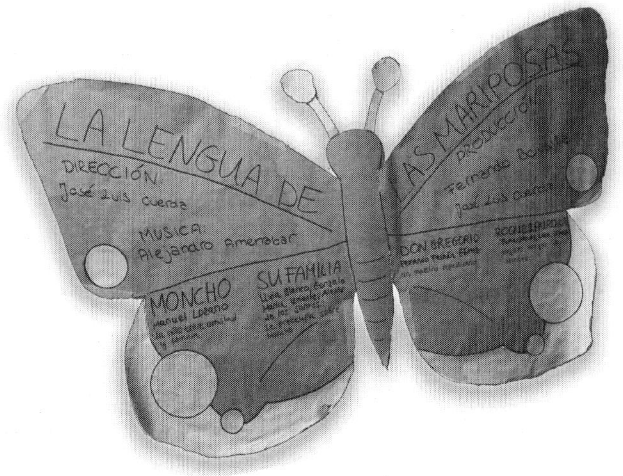

Protocolo de las escenas 40 (M 10) y 49 (M 8)

Escena 40

a) Tomas 1-20 b) Tomas 21-42 c) Tomas 43-59

Toma No.	Tiempo	Contenido y acción	Cámara: plano, ángulo, movimiento	Escenario: luz, colores	Sonido, música	Comentario: efectos, símbolos, significados
1	1.11.45-50	DG coge un lucanus cervus	PD		sonido de insectos	Se ve de cerca el insecto, parece interesante
2	1.11.51-56	Se lo muestra a M	PA	En el bosque, sol y sombra	DG explica a M el escarabajo	La relación entre maestro y alumno en armonía con la naturaleza Las tomas largas connotan la tranquilidad y el ocio en la naturaleza
3	1.11.57-58	DG pone el bicho en el vaso	PD	Ellos visten colores similares		
4	1.11.59-1.12.10	A M algo le llama la atención	PA (=2)			«Con sus mandíbulas lucha por las hembras» → prolepsis a la escena del agua
5	1.12.11	Una mariposa	PE			
6	1.12.12-15	M corre detrás la mariposa	PA (=2), paneo		«ahí va una»	
7	1.12.15-16	La red falla la mariposa	PD			
8	1.12.16-22	DG coge la red	PA, paneo			
9	1.12.23	DG se acerca	PM			
10	1.12.24	La mariposa	PD			

Toma No.	Tiempo	Contenido y acción	Cámara: plano, ángulo, movimiento	Escenario: luz, colores	Sonido, música	Comentario: efectos, símbolos, significados
11	1.12.24-25	DG en acecha	PM			
12	1.12.25	La mariposa	PD			
13	1.12.26-27	Moncho	PMC			Cortes rápidos que expresan la caza
14	1.12.27-30	DG con la red	PMC			
15	1.12.31-32	Moncho, atento	PMC			
16	1.12.33-34	DG, sacando la mariposa	PMC			
17	1.12.35-36	M, girando la cabeza			Ruidos de niños	
18	1.12.37-40	DG con la mariposa	PMC			Paralelismo: la mariposa / el chico → difícil de coger
19	1.12.41-42	M escapa				
20	1.12.43-44	DG ha quedado solo	PM			
21	1.12.45	M corriendo	PE/PT			
22	1.12..46-48	Las niñas en el río	PE	Primera visión de las niñas	Empieza el tema musical	Tema musical → nueva acción, tema amoroso las niñas como ninfas
23	1.12.49-50	M se acerca	PT			
24	1.12.51-54	M llega a la orilla	PA-PMC, paneo			
25	1.12.55-57	Las niñas se dan cuenta de él, le echan agua	PE			Desnudez y ropa blanca → inocencia
26	1.12.58-59	Moncho mirando	PMC			Plano/Contraplano para contrastar las dos partes
27	1.13.00-01	Aurora desafiante	PA		«¿No quieres bañarte?»	

Toma No.	Tiempo	Contenido y acción	Cámara: plano, ángulo, movimiento	Escenario: luz, colores	Sonido, música	Comentario: efectos, símbolos, significados
28	1.13.02	Moncho	PMC			
29	1.13.03	Otro desafío	PA		«No se atreve.»	
30	1.13.04-05	M, DG llegando	PT			
31	1.13.06-07	Las chicas se burlan	PE			
32	1.13.08-09	Moncho	PMC			
33	1.13.10-11	DG le recuerda el tilonorrinco	PMC			Alusión lúdica a la pedagogía liberal: aprender para la vida
34	1.13.11-13	M escucha a DG	PT (PE)			
35	1.13.14-16	M contesta sobre el tilonorrinco	PMC/PM, por la espalda sobre M			
36	1.13.16-20	DG baja para coger una flor	PMC/PM, después tilt			
37	1.13.21-24	DG coge la flor ...	PA			
38	1.13.25	... y se la extiende a M	PMC/PM (=35)			
39	1.13.26-29	DG termina sus explicaciones	PMC/PM		«A hacer de tilonorrinco»	
40	1.13.29-31	M	PMC/PM			
41	1.13.31-32	DG	PMC/PM			
42	1.13.33-39	M se dirige hacia las chicas y se quita la ropa	PM		Vuelve el tema musical, con violines	
43	1.13.40-42	Las chicas mirando	PA			Larga toma que subraya el paso simbólico: el agua = iniciación
44	1.13.43-45	M termina con la ropa	PM			

Toma No.	Tiempo	Contenido y acción	Cámara: plano, ángulo, movimiento	Escenario: luz, colores	Sonido, música	Comentario: efectos, símbolos, significados
45	1.13.46-48	M baja al río	PE			
46	1.13.49-53	M entra en el río	PG			
47	1.13.54-58	M avanza en el agua	PE (=45)			DG está mirando el escenario como guía espiritual
48	1.13.59-1 .14.01	DG se da la vuelta	PA			
49	1.14.02-07	M y Aurora enfrentados	PA		«Tú sabes nadar?» - «No.» - «Yo tampoco.» «No mires.»	Aurora se sumerge en el agua, al salir se cubre el cuerpo → pérdida de la inocencia (Eva)
50	1.14.08	M extiende la flor	PMC		«Toma.»	Técnica de Plano/Contraplano (como 26-29)
51	1.14.09-.10	Aurora reacciona	PMC			
52	1.14.11-12	M cierra los ojos	PP			
53	1.14.13-15	Aurora sonriente	PP			
54	1.14.16	Aurora le da un beso a M	PP			
55	1.14.17	El beso	PP/PD			
56	1.14.18-19	M sorprendido	PP			
57	1.14.20-21	M la ve alejándose	PA			
58	1.14.21-22	M pensativo	PP			
59	1.14.23-34	DG sigue su camino y deja volar una mariposa	PA→PM		Rayo de sol sobre la cabeza de DG	Toma de larga duración: cierre de la secuencia, del idilio Símbolo: mariposa que vuela = Moncho se despabila, va descubriendo el mundo y el amor; cambia el maestro por la amiga

Escena 49

Toma No.	Tiempo	Contenido y acción	Cámara: plano, ángulo, movimiento	Escenario: luz, colores	Sonido, música	Comentario: efectos, símbolos, significados
1	1.23.43-58	El camión se acerca, se detiene, bajan los falangistas	PG	ropa negra y descolorida de la gente, el azul de las camisas falangistas	Gritos de los falangistas: «¡Arriba España!»	Toma larga para introducir el ambiente: silencio de miedo, tonos oscuros y grises
2	1.23.59-1.24.02	Pasan por delante de Don Avelino	PM	D. Avelino, el poderoso del pueblo; el color negro domina en su aspecto	Ruido de camiones, perros, campanadas, murmullos	
3	1.24.03-07	El cura se abre camino	PM		El cura: «Que Dios nos perdone.»	Presentación de los partidarios del golpe
4	1.24.08-15	El cura sube al camión	PE			
5	1.24.16-23	Llegan las nuevas autoridades en coche, les sigue la familia de Moncho	PE			el coche como símbolo de poder El ex-republicano sigue a los nuevos jefes lleno de miedo
6	1.24.24-38	El coche se detiene, los guardias abren el camino a la puerta del ayuntamiento	PE		Campanadas	Sonido como símbolo: la Iglesia al lado de los franquistas
7	1.24.39-40	Los guardias retienen a la multidud	PE			
8	1.24.41-42	Ramón cede a las guardias	PM			

Toma No.	Tiempo	Contenido y acción	Cámara: plano, ángulo, movimiento	Escenario: luz, colores	Sonido, música	Comentario: efectos, símbolos, significados
9	1.24.43-45	D. Avelino, mirando hacia la gente	PM			
10	1.24.46-48	Rosa capta su mirada, asustada	PM			recuerda la verbena: el miedo de Rosa a los guardias
11	1.24.49-51	D. Avelino sigue mirando, luego da una leve señal con la cabeza	PM			el nuevo (viejo) poderoso -> cf. Esc. 9: «un señor que manda mucho»
12	1.24.52-55	Un falangista entre la multitud	PM	La camisa azul como único color vivo entre lo negro y los colores pardos		
13	1.24.56-58	La puerta está abierta	PE			
14	1.24.59-1 .25.01	El falangista: «¡Traidores!»	PM		primer grito	Entre la gente se ven pocas reacciones, al principio solo gritan los falangistas
15	1.25.01-02	Don Avelino mirando hacia Rosa	PM			
16	1.25.03-05	Rosa grita también, Ramón la quiere tranquilizar	PM			Plano/Contraplano entre Rosa y Don Avelino →comunicación silenciosa, amenazas
17	1.25.06-08	Aparece el cómico	PA			
18	1.25.09-10	Otro falangista gritando	PE			

Toma No.	Tiempo	Contenido y acción	Cámara: plano, ángulo, movimiento	Escenario: luz, colores	Sonido, música	Comentario: efectos, símbolos, significados
19	1.25.11-13	El detenido avanza	PMC			Cambio de planos, acercamiento → dramatización, crece la tensión por los gritos → se enfocan las víctimas como individuos
20	1.25.14-15	Don Avelino	PMC			
21	1.25.16-19	El detenido sube al camión	PMC-PM			
22	1.25.20	Don Avelino grita: «¡Payaso!»	PMC			Los actores parecen sospechosos al franquismo
23	1.25.21	El detenido se vuelve	PM			
24	1.25.21	Don Avelino: «Rojo, sinvergüenza.»	PMC			
25	1.25.22	Rosa, deteniendo a M	PM			
26	1.25.23-27	Los siguientes detenidos	PE			
27	1.25.28-31	Cuando pasan por delante de Rosa, ella grita también	PM			
28	1.25.32	El alcalde republicano	PE			
29	1.25.33-34	La familia, Ramón asustado	PM			Plano/Contraplano entre Rosa/Ramón y los detenidos: el contraste subraya la traición de Ramón
30	1.25.35	El alcalde	PA-PM			
31	1.25.36-37	Rosa gritando	PM			
32	1.25.38-39	Don Avelino mirando	PM			
33	1.25.40-42	Rosa exhorta a Ramón	PM		«Que te vean gritar.»	Rosa tiene el poder en la familia

Toma No.	Tiempo	Contenido y acción	Cámara: plano, ángulo, movimiento	Escenario: luz, colores	Sonido, música	Comentario: efectos, símbolos, significados
34	1.25.43-48	Ramón también insulta a los detenidos	PM / PMC del alcalde		«Traidores, criminales, rojos.»	La inversión de los significados: El traidor Ramón los llama traidores
35	1.25.49-51	Antonio grita también, pero se para al ver que ...	PP		«¡Chulos! ¡Granujas! ¡Sinv..!»	
36	1.25.51-53	... sale el acordeonista	PM			
37	1.25.54-55	Antonio, aterrado	PP			
38	1.25.56-57-1.26.02	El acordeonista y, detrás de él, Roque	PMC, PM			
39	1.26.03-13	La mujer de Roque, luchando con las guardias	PA		Gritos de la mujer de Roque	las quejas desesperadas de la mujer republicana, solas en el escenario
40	1.26.14-16	La familia de M entre la gente	PM			
41	1.26.17-19	Roque, mirando hacia atrás	PMC			
42	1.26.20-21	La familia de M	PM			
43	1.26.22-23	Un señor grita, dos mujeres se tapan las orejas	PA		«¡Hijos de puta!»	La reacción de las mujeres muestra el desconcierto de mucha gente del pueblo
44	1.26.24-27	Aparece DG del interior	PM		suena el tema musical	A partir de aquí, la música sigue hasta el final: el tema de Moncho y Don Gregorio
45	1.26.28-29	M gira la cabeza	PMC			
46	1.26.30-38	DG avanza hacia la plaza	PM	DG viste el traje que le regaló Ramón		El traje como otra señal de la traición de Rosa y Ramón (Escena 48 - «Papá no le regaló un traje al maestro.»)

Toma No.	Tiempo	Contenido y acción	Cámara: plano, ángulo, movimiento	Escenario: luz, colores	Sonido, música	Comentario: efectos, símbolos, significados
47	1.26.39-41	M, con aspecto triste	PMC			Sucesión de planos-contraplanos para subrayar la relación entre DG y M
48	1.26.42-47	DG de frente	PMC			
49	1.26.48-56	DG avanzando hacia la gente	PP/PE			Cambio de perspectiva: por la espalda de DG hacia la gente → identificación con la víctima, una especie de via crucis
50	1.26.57-58	DG de frente	PMC		Rosa: «Ahora, ahora.»	
51	1.26.59 - 1.27.02	Rosa y Ramón	PMC		Ramón insulta a DG	Ramón en plano corto → punto culminante, su traición completada
52	1.27.03-07	DG del lado, visto por Ramón	PMC/PP		«Asesino, anarquista, cabrón, hijo de puta»	
53	1.27.08-10	Ramón llorando	PMC, PM			
54	1.27.11-14	Rosa le ordena a M gritar, éste parece asustado	PMC/PP, tilt			Rápido tilt hacia M, éste queda sorprendido tal como el espectador
55	1.27.15-16	DG sube al camión	PA			
56	1.27.17-18	M mira, apenado	PP			
57	1.27.19-23	DG se da la vuelta	PA			
58	1.27.24-26	M grita	PP/PMC	Moncho está agarrado por la madre	«¡Ateo ¡Rojo! ¡Rojo! ¡Rojo!»	Obediencia de la juventud a la autoridad materna, a las nuevas autoridades

Toma No.	Tiempo	Contenido y acción	Cámara: plano, ángulo, movimiento	Escenario: luz, colores	Sonido, música	Comentario: efectos, símbolos, significados
59	1.27.27-28	DG lo mira dolorido	PP/PMC			
60	1.27.29-30	M sigue gritando	PP/PMC (=58)			
61	1.27.31-33	DG mirando	PP/PMC (=59)			Montaje entre M y DG, plano/ contraplano
62	1.27.34-36	El camión en marcha	PG			
63	1.27.37-38	M se libera de la mano de su madre y corre	PP/PMC			Otra escapada de M: ¿una muestra de solidaridad con DG?
64	1.27.38-46	El camión se aleja de la plaza	PG			
65	1.27.47-1 .28.01	El camión en marcha, le siguen algunos chicos, entre ellos M, y toman piedras	PE			
66	1.28.02-03	Los chicos están lanzando piedras	PG			Símbolo cristiano, ironía: que lance una piedra el que esté libre de pecado
67	1.28.04-05	M lanza una piedra	PA			
68	1.28.07-09	DG está mirando hacia atrás	PMC			
69	1.28.10-1 .28.55	M está lanzando una últma piedra, después de eso se detiene. Su cara cambia de expresión hasta que se enfría la imagen	PM → PMC travelín		«¡Ateo, rojo, tilonorrinco, espiritrompa!»	Una toma muy larga: se ve de cerca la lucha interna de M, entre gritos, dolor y tristeza La atención se centra en M y su mirada → la mirada hacia el futuro

Bibliographie

La lengua de las mariposas (1999). Regie: José Luis Cuerda. Sogetel, Las Producciones del Escorpión.

Azcona, Rafael (1999): La lengua de las mariposas. Guión. Madrid: Ocho y medio.

Blell, Gabriele / Surkamp, Carola (2016): «(Fremd-)Sprachenlernen mit Film. Theoretische Grundlagen und praxisorientierte Anwendungen für einen kompetenz- und aufgabenorientierten Fremdsprachenunterricht am Beispiel von Jim Jarmuschs Night on Earth«, FLuL 45, S. 8-32.

Brinkmann, Sören (2007): «Die Wiedergewinnung der ‹historischen Erinnerung› zwischen staatlicher Nichterfüllung und politischer Instrumentalisierung», in: Altmann, Werner / Vences, Ursula (Hrsg.): Por España y el mundo hispánico. Berlin: tranvía, S. 175-192.

Cuerda, José Luis (1999): «La lengua de las mariposas. Diario de un rodaje», El Cultural, 3.10.1999 <http://www.elcultural.com/revista/cine/La-lengua-de-las-mariposas/14568> (konsultiert: 24.1.2017).

Eigenwald, Nils (2009): Física II. Un cortometraje de Daniel Sánchez Arévalo. Guía didáctica. Stuttgart: Klett.

Kinetoscopio (s/f): «Entrevista con José Luis Cuerda», cinéfagos.net, <http://www.cinefagos.net/paradigm/index.php/otros-textos/artlos-y-ensayos-mainmenu-39/710-entrevista-con-jose-luis-cuerda> (konsultiert: 20.3.2017).

Lüning, Marita (2009): «Hacer memoria para no repetir historia», FU Spanisch 24, S. 4-11.

Monterde, José Enrique (2002): «Panorama desde el siglo XXI», in: Heredero, Carlos F. / Santamarina, Antonio (Hrsg.): Semillas de futuro. Cine español 1990-2001. Madrid: España Nuevo Milenio, S. 86-127.

Nichols, William J. (2006): «La narración oral, la escritura y los ‹lieux de mémoire› en El lápiz del carpintero de Manuel Rivas», in: Winter, Ulrich (Hrsg.): Lugares de memoria de la Guerra Civil y el franquismo. Madrid: Iberoamericana, S. 155-176.

Pardellas Velay, R. (2015): «O sumidoiro da memoria, que o mesmo serve para lembrar que para esquecer». Reflexiones sobre la memoria en los cuentos de Manuel Rivas», Olivar, 16.24 <http://www.olivar.fahce.unlp.edu.ar/article/view /Olivar2015-v16n24a03> (konsultiert: 24.1.2017).

Pohl, Burkhard (2008): «Kino in Spanien», in: Bernecker, Walther L. (Hrsg.): Spanien heute. Frankfurt a.M.: Vervuert. 423-441.

Rivas, Manuel (1996): ¿Qué me quieres, amor? Madrid: Alfaguara. (Originalausgabe: Que me queres, amor? Santiago de Compostela, Galaxia, 1995).

Rothauge, Caroline (2014): Zweite Republik, Spanischer Bürgerkrieg und frühe Franco-Diktatur in Film und Fernsehen. Göttingen: V&R.

Ryan, Lorraine (2012): «The Development of Child Subjectivity in La lengua de las mariposas», Hispania 95.3, S. 448-460.

Sánchez-Biosca, Vicente (2006): Cine de historia, cine de memoria. La representación y sus límites. Madrid: Alianza.

Stucki, Andreas / López de Abiada, José Manuel (2004): «Culturas de la memoria y transición democrática en España», Iberoamericana 15, S. 123-142.

Thaler, Engelbert (2010): «Filmdidaktik», in: Hallet, Wolfgang/Königs, Frank G. (Hrsg.): Handbuch Fremdsprachendidaktik. Seelze-Velber: Kallmeyer-Klett, S. 142-146.

Unterrichtsmaterialien zu Film und Buch

Arriagada Espinoza, Melanie u.a. (2013): Bachillerato. Spanisch für die Oberstufe. Stuttgart: Klett, S. 156-157.

Lüning, Marita (2003): «*La lengua de las mariposas*»: del cuento a la película», Hispanorama 100, S. 87-98. <http://www.ub.edu/filhis/culturele/luning.html>, konsultiert: 4.7.2016.

Meyer, Jens (2008): La España de hoy y sus raíces. Bamberg: Buchner.

Willenbrink, Birgit (2004): «Un hipertexto en torno a,‹*La lengua de las mariposas*›», FU Spanisch 6, S. 37-44.

Willenbrink, Birgit (2009): *La lengua de las mariposas y otros relatos*. Paderborn: Schöningh.

Weitere erwähnte Werke

El espíritu de la colmena (1973). Regie: Víctor Erice.
Las bicicletas son para el verano (1983). Regie: Jaime Chávarri.
El viaje a ninguna parte (1986). Regie: Fernando Fernán-Gómez.
El bosque animado (1987). Regie: José Luis Cuerda.
¡Ay, Carmela! (1990). Regie: Carlos Saura.
Belle Époque (1992). Regie: Fernando Trueba.
Libertarias (1996). Regie: Vicente Aranda.
El espinazo del diablo (2001). Regie: Guillermo del Toro.
Silencio roto (2001). Regie: Montxo Armendáriz.
El viaje de Carol (2002). Regie: Imanol Uribe.
Soldados de Salamina (2003). Regie: David Trueba.
El laberinto del fauno (2006). Regie: Guillermo del Toro.
Las trece rosas (2007). Regie: Emilio Martínez-Lázaro.
Los girasoles ciegos (2008). Regie: José Luis Cuerda.
Pa negre / Pan negro (2010). Regie: Agustí Villaronga.